# EL ISLAM VISTO POR UN CRISTIANO

COLECCIÓN FÉLIX VARELA # 36

EDICIONES UNIVERSAL, Miami, Florida, 2008

Efrén Córdova

# EL ISLAM VISTO POR UN CRISTIANO

Copyright © 2008 by Efrén Córdova

———

Primera edición, 2008

EDICIONES UNIVERSAL
P.O. Box 450353 (Shenandoah Station)
Miami, FL 33245-0353. USA
Tel: (305) 642-3234 Fax: (305) 642-7978
e-mail: ediciones@ediciones.com
http://www.ediciones.com

Library of Congress Catalog Card No.: 2008
ISBN-10: 1-59388-130-4
ISBN-13: 978-1-59388-130-6

Todos los derechos
son reservados. Ninguna parte de
este libro puede ser reproducida o transmitida
en ninguna forma o por ningún medio electrónico o mecánico,
incluyendo fotocopiadoras, grabadoras o sistemas computarizados,
sin el permiso por escrito del autor, excepto en el caso de
breves citas incorporadas en artículos críticos o en
revistas. Para obtener información diríjase a
Ediciones Universal.

# ÍNDICE

**Prefacio** ............................................. 9

**Capítulo I - la infamia** ............................. 11
   El terrorismo en su contexto histórico ............. 11
   Septiembre 11 ..................................... 12
   Los autores intelectuales ......................... 15
   Osama bin Laden ................................... 16
   Los autores materiales ............................ 18
   Mohamed Atta ...................................... 19
   El factor religioso ............................... 20

**Capítulo II - El asombroso ascenso** ................. 23
   Estadísticas inquietantes ......................... 23
   La expansión en Europa ............................ 24
   La expansión en los E.U. .......................... 26
   La conexión internacional ......................... 27
   Un inesperado refuerzo ............................ 28
   ¿A qué se debe el asombroso crecimiento del Islam? ..... 29
   El auge del fundamentalismo ....................... 33
   El ascenso en su lectura histórica ................ 34

**Capítulo III - Raíces de la animadversión** .......... 37
   La sociedad árabe antes de Mahoma ................. 37
   El impulso religioso .............................. 39
   De fieles e infieles .............................. 40
   Debate sobre la originalidad del Islam ............ 42
   Del menosprecio al enfrentamiento ................. 43
   Sus enfoques peculiares ........................... 45
   Los textos básicos ................................ 47
   Los personajes religiosos ......................... 50

**Capítulo IV - Consagración de la hostilidad** ........ 53
   El Islam como adversario .......................... 53

Espacio y violencia en los orígenes del Islam .......... 55
Tiempo y añoranzas en la vida del Islam ............. 58
De principios bélicos y castigos .................... 59
Elenco de victimarios ............................. 60
El efecto Wahhabi ................................ 61
De guerra santa, coches bombas y atacantes suicidas ..... 64
Fatwas .......................................... 68

**Capítulo V - Mahoma** ............................. 71
Entre la historia y la leyenda ...................... 71
Elogios y críticas ................................ 73
Su entorno ...................................... 75
Su vida en La Meca .............................. 76
Matrimonio y revelación .......................... 79
La Hégira ....................................... 81
Proyección polifacética ........................... 84
Vida sentimental ................................. 84
Su obsesión contra el infiel ....................... 86
Alcance de sus poderes ........................... 87
El viaje nocturno ................................ 88

**Capítulo VI - El Corán** ............................ 91
Revelación vesus creación humana ................. 91
La compilación .................................. 93
Contenido ....................................... 94
Alcance de sus preceptos ......................... 95
Análisis crítico .................................. 97
La última revelación ............................. 99
El papel del arcángel Gabriel ..................... 100
Los destinatarios del *Corán* ..................... 101
El paraíso y el infierno vistos por *El Corán* ........... 103
*El Corán* y la vida sexual ....................... 105
Exenciones al quinto mandamiento ................ 108
El Islam y la esclavitud .......................... 109
El Islam y el suicidio ............................ 110
El aspecto social y el de urbanidad ................ 112
Impacto ........................................ 112

**Capítulo VII - Versículos extraños, frases enigmáticas y un capítulo misterioso** .......................... 115
   El fondo arcano del Islam .......................... 115
   Los versículos extraños .......................... 116
   El reparto del botín .......................... 119
   Frases enigmáticas .......................... 120
   El misterio del sura IX .......................... 122
   Los versículos del castigo .......................... 123

**Capítulo VIII - Los deberes del creyente** .......................... 125
   Una distinción preliminar .......................... 125
   Los cinco pilares del Islam y las mezquitas .......................... 127
   La recitación de la *Shahada* .......................... 128
   Las cinco oraciones .......................... 129
   El Ramadán .......................... 131
   La peregrinación .......................... 132
   Las dos limosnas .......................... 134
   Observación Final .......................... 135

**Capítulo IX - Diferencias con el cristianismo** .......................... 137
   Semejanzas reales y aparentes .......................... 137
   Diferencias de doctrina y estructura .......................... 138
   Divergencias sobre las virtudes teologales .......................... 140
   La propagación de la fe .......................... 142
   La caridad .......................... 143
   La esperanza .......................... 145
   La persona de Cristo .......................... 145
   El absolutismo islámico .......................... 147
   Ángeles, jinns y monasterios .......................... 148
   Diferencias en la manera de tratarse .......................... 148

**Capítulo X - El Islam y las mujeres** .......................... 151
   Seres inferiores o simple sub-estimación .......................... 151
   Las varias formas de discriminación .......................... 152
   Otras disposiciones sobre las mujeres .......................... 155
   La vuelta al velo y la burqa .......................... 156
   Declive y renacer de la poligamia .......................... 158

**Capítulo XI - Las sectas** .............................. 161
    Las disputas del califato ........................... 163
    Principales sectas y subsectas del Islam .............. 165
    Sunitas y chiitas .................................. 166
    Las dinastías ...................................... 168
    Subsectas chiitas .................................. 169
    Las disputas del Imán .............................. 171
    Las sectas sunitas ................................. 172
    Asesinos y místicos ................................ 175
    El cuadro actual ................................... 177

**Capítulo XII - Los enfrentamientos** .................... 181
    La animadversión y el furor ........................ 181
    Principales guerras del Islam ....................... 183
    Las guerras de los árabes .......................... 185
    Etiología de la gran expansión ..................... 187
    Las guerras de España .............................. 189
    Las Cruzadas ...................................... 192
    Las guerras del Imperio Otomano .................... 195
    Tres enfrentamientos cruciales. Héroes conocidos
        y héroes olvidados ............................. 200
    Épocas de paz y prosperidad ....................... 203
    Declive del mundo islámico ......................... 206

**Capítulo XIII - Las reacciones del mundo occidental** .... 209
    División y desconcierto ............................ 209
    Voces de alerta .................................... 211
    Las actitudes ambiguas ............................. 213
    Ayudas abiertas o solapadas ........................ 215
    La postura firme ................................... 216
    Balance y pronósticos .............................. 218

**Bibliografía** ........................................ 221

## PREFACIO

Esta es una obra de divulgación escrita por un aficionado a la historia que vivió horas de indescriptible angustia el 11 de septiembre de 2001. A la angustia del ataque al World Trade Center y a la consternación por los miles que allí perecieron siguió el deseo de saber, la impaciencia por indagar el porqué de ese terrible suceso. En esa búsqueda leí mucho y reflexioné no poco. La literatura era rica y el tiempo apremiaba.

Fue en el curso de esas lecturas que muy pronto descubrí que más allá de mi experiencia personal el estudio del Islam era un tema de apasionante interés. No es sólo que el Islam, o mejor ciertos sectores fundamentalistas de esa religión, hayan adoptado una postura de enfrentamiento y terror, es el Islam mismo en todas sus múltiples facetas el que merecía la mayor atención.

El Islam es una religión exuberante, compleja y a veces esotérica que combina prescripciones simples y de fácil comprensión con aspectos de insondable profundidad. Erigido desde su aparición en rival de la fe cristiana y judaica se hacía importante identificar cuales eran las razones que le impulsaban al odio y la enemistad contra el mundo occidental. ¿Hasta qué punto era posible pensar que su monoteísmo y su aceptación de varios Libros Sagrados de la tradición judeo cristiana le deberían haber inclinado a sentirse más próximo al cristianismo? ¿Acaso no sería interesante investigar el proceso que condujo a la incomprensión, el desencuentro, el conflicto y las guerras? ¿Y no deberíamos todos preguntarnos si el tema del Islam es sólo de índole teológica o si en el fondo se trata más bien de un choque de culturas antagónicas.

Junto al tema teológico se presenta la gran vertiente histórica del Islam. Su papel en la historia de Europa y del mundo, su historia agitada y convulsa en la que se alternan períodos de estancamiento con etapas de progreso y esplendor, sus enfrentamientos con vecinos cercanos y países lejanos siempre impulsado por su vocación expansionista y sus propios desgarramientos internos que exceden la rivalidad entre sunitas y chiitas. Todo ello y mucho más era como un nuevo horizonte que se abría ante mis ojos.

Comencé a tomar notas, acopié una extensa bibliografía y ofrecí varias charlas en el Koubek Center de la Universidad de Miami. Y luego comencé a escribir con el claro sentido crítico de un cristiano pero cuidando de limar las asperezas del lenguaje y reconociendo que el Islam es una religión digna y respetable.

Aunque utilicé muchas fuentes me serví sobre todo de esa excepcional fuente primaria que es el llamado Libro Divino. Las abundantes citas que de él hago así como mis comentarios al respecto están referidos a la edición del *Corán* publicada en Granada por la Editorial Azahara en 1994. Hago ese señalamiento por ser posible que cambien en otras ediciones la numeración de los capítulos (suras) y de los versículos (aleyas).

Me parece oportuno aludir por último a un problema semántico de no escasa importancia. El hecho de haber sido formulada toda la teología islámica en árabe, lengua semítica en nada parecida a las indoeuropeas, entraña serios problemas de selección del vocablo apropiado. Hay palabras árabes que tienen varias y a veces muy distintas acepciones y hay también diferencias en el modo como los escritores de lengua española se refieren a un mismo término. Unos dicen, por ejemplo, islamitas y otros islamistas; unos optan por el nombre de sunitas y otros prefieren hablar de suníes, en tanto que la otra gran secta es unas veces llamada chiita y otras shi'a y hay por último *Hadit* y *Hadiz*, aleyas y azoras. He preferido en casi todas las ocasiones utilizar la voz que me ha parecido más próxima al español.

En consonancia con el carácter de la obra he procurado reducir al mínimo los entrecomillados y las notas al calce. Dejo no obstante constancia de mi reconocimiento a los autores de las obras que se citan en la bibliografía.

# CAPÍTULO I

# LA INFAMIA

**EL TERRORISMO EN SU CONTEXTO HISTÓRICO**

Hasta hace aproximadamente un cuarto de siglo la actitud del mundo cristiano hacia el Islam estaba caracterizada por el desconocimiento y la indiferencia. Tres siglos de relativa paz habían transcurrido desde el último ataque de los musulmanes en Europa en 1683. Al mundo occidental le preocupaban entonces los avances del comunismo pero a nadie se le ocurrió pensar que había también otro enemigo agazapado y temible. Y fue entonces el 18 de abril de 1983 que una bomba destruyó la Embajada de E.U. en Beirut y poco después, en octubre de ese mismo año y en esa misma ciudad, otro acto de terror en las barracas del aeropuerto causó la muerte de 241 marines. Así se inició una extraña serie de atentados que unida al episodio de los rehenes de Teherán (1979) apuntaba a un nuevo despertar del activismo islámico. En distintas partes del mundo, en aquellos lugares donde había símbolos destacados de la cultura judeo-cristiana, se consumaron o intentaron ataques similares. Dicha serie culminó con la atrocidad cometida en New York y se continuó después con otros atentados en gran escala que asimismo causaron grandes matanzas. Signo característico de esos hechos fue la cobarde frialdad como se destruían vidas de inocentes. Esos fueron los atentados mayores, los de todo tipo suman varias docenas. Y para estupor de Occidente el otro denominador común de esos hechos criminales fue la motivación religiosa que impulsaba a los que llevaban a cabo esa guerra asimétrica de sangre y de terror.

¿Quiénes fueron los autores de ese encadenamiento diabólico? ¿Cómo se originó la minuciosa planificación y ejecución de esos atentados? Las sospechas recayeron sobre los fundamentalistas islámicos de modo general pero pronto la investigación se hizo más sofisticada y fue posible establecer la responsabilidad de una organización criminal en cierto modo *sui generis* llamada Al Qaida.

En 1986 dos hombres, uno de origen saudí y otro egipcio, Osama bin Laden y Ayman al Zawahiri, se conocen en Peshawar, Pakistán, entonces centro de la lucha contra los soviéticos en Afganistán. Eran personas de profundas convicciones religiosas que a la sazón participaban en la cruzada afgana y tenían planes más o menos elaborados sobre la necesidad de intensificar la lucha del movimiento fundamentalista islámico. Pensaban que tras el episodio antisoviético la acción debería dirigirse contra el que ellos llamaban el «poderoso enemigo lejano» y que esa acción debería ser de gran impacto, de impacto suficiente para impresionar al mundo, reavivar el fundamentalismo y movilizar las huestes prestas a la acción en los círculos más radicales del Islam.

De esa coincidencia de motivaciones religiosas y planes de acción nació una sólida vinculación y también la antes citada organización paramilitar Al Qaida, concebida para coordinar las actividades de grupos terroristas a través del mundo. Se proponía trabajar con ahinco y metódicamente aprovechando al máximo los recursos tecnológicos, facilidades educacionales y oportunidades de libre circulación del mundo occidental. Pusieron a prueba estas últimas cuando en 1990 solicitaron y obtuvieron permiso para que el sheik Omar Abdel Rahman y Ayman al Zawahiri viajaran a los Estados Unidos. ¿A qué iba el sheik a ese país? Pues a planear el primer atentado al World Trade Center perpetrado en 1993. ¿Y a qué fue Ayman al Zawahiri? Pues a entrevistarse con científicos islámicos del Silicon Valley en California.

El enemigo lejano abría sus puertas con relativa facilidad y había que aprovechar la ocasión. Una empresa de guerra santa iba a comenzar sus operaciones.

## SEPTIEMBRE 11

Temprano en la mañana del once de septiembre de 2001 dos aviones, uno de American Airlines y otro de United Airlines, despegaron del aeropuerto Logan en Boston. Tanto el vuelo número 11 de

American como el 175 de United tenían el mismo destino: Los Ángeles. Lejos estaban los infortunados pasajeros de figurarse de esos vuelos que junto a ellos habían tomado asiento terroristas islámicos. Habían planeado bien su siniestro objetivo: habían seguido cursos en academias privadas de aviación, usaban ropas de apariencia occidental y disimulaban bien las armas que portaban. Igual habían hecho los otros terroristas que en Newark abordaron el vuelo 93 de United Airlines con destino a San Francisco. Y en Washington el vuelo número 77 de American que se dirigía a Los Ángeles. Eran en total 19 los terroristas; sus jefes habían estimado que la operación urdida requería cinco por avión y uno al parecer se había arrepentido o excusado a última hora.

La elección de vuelos de larga duración o destinación lejana era también parte del macabro plan; mientras más llenos estuviesen los tanques de gasolina mayor sería el impacto de las explosiones previstas. Hábil fue también la selección de los objetivos o blancos que Al Qaida se proponía destruir: las Torres del World Trade Center, símbolos del capitalismo y el poder económico, el Pentágono símbolo del poderío militar y quedó para siempre en el misterio si el cuarto avión se proponía atacar la Casa Blanca o el Capitolio, símbolos de la democracia. Las torres del WTC, incidentalmente, eran tres y no dos como a veces se indica. Había dos torres de 102 pisos (The Twin Towers) y una tercera de 47 pisos.

Los aviones que partieron de Boston fueron pronto secuestrados y los terroristas que asumieron su control cumplieron su execrable misión. El avión de American Airlines se estrelló contra una de las torres a las 8:46; el otro que venía también de la misma ciudad lo hizo a las 9:02. Media hora después se produciría el choque del Pentágono. Sólo el cuarto avión fracasó en su abyecto cometido. Pasajeros jóvenes y valientes que por medio de sus teléfonos celulares se habían enterado de lo que había sucedido en New York lucharon con los terroristas y el avión salido de Newark se precipitó en los campos de Pennsylvania, sin que hubiera sobreviviente alguno. En poco más de una hora se había consumado con premeditación y alevosía la matanza más inicua y cobarde de la historia moderna; alrededor de tres mil personas inocentes, seres humanos que no habían hecho daño alguno, habían perecido en ese infame y múltiple episodio de terror. Incluidos en esa cifra están los 343 bomberos que dieron sus vidas tratando de salvar las de otros seres humanos.

La noticia de esas hecatombes causó gran satisfacción en muchas partes del mundo islámico y lanzó a la calle a multitudes jubilosas. Es probable que muchos musulmanes sensatos no estuvieran de acuerdo con la matanza si bien aquellos que eran buenos conocedores del *Corán* se vieron obligados a reconocer que lo ocurrido guardaba relación con ciertos preceptos y admoniciones de ese Libro que ellos consideran Divino. El regocijo se extendió a otras latitudes donde se cobijaban enemigos de los E.U. En Buenos Aires, por ejemplo, la señora Hevé de Bonafini elevó una copa de champaña en honor de los asesinos. Los árabes americanos optaron por su parte por el silencio. *Wana mali* (no deseo inmiscuirme) era la frase más repetida.

La reivindicación del crimen se hizo el 7 de octubre de 2001. En un video transmitido por la cadena de televisión Al Jazeera, tres hombres sentados a la usanza árabe a la entrada de una caverna en Afganistán se proclamaron autores intelectuales de las masacres. Los tres eran Ayman al Zawahiri, Osama bin Laden y Abu Ghaith. Según ellos el 11 de septiembre fue un día de gloria, un día verdadero y sincero que podía inscribirse en la gesta del profeta Mahoma; ese día, afirmaron los tres promotores del crimen, se había derrotado a América. Probablemente casi ningún americano pudo comprender el significado que en ese anuncio se hizo de la designación de «nuevos Coraix» que se les daba e igual dificultad habría para entender porqué se asimilaba ese día a unas batallas ocurridas en 1187 y 1260. Tal vez algún que otro profesor de historia se acordó de que en esas fechas se libraron las batallas de Hattin y de Ain Jalout. Tampoco era dable comprender porqué se aplicaba a los estadounidenses la designación de cruzados dado que esas guerras terminaron unos 500 años antes de que surgieran los E.U. Todo ese retorno de muchos siglos resultaba no solamente ininteligible y esotérico sino también gratuito.

## LOS AUTORES INTELECTUALES

Al Qaida es, pues, una organización paramilitar que procura fomentar la guerra santa *(yihad)* utilizando para ello nuevas modalidades de terrorismo a escala global. Literalmente significa la base, es decir, el centro de una amplia red de grupos clandestinos. El escritor francés Richard Laberviere le llama también «la trastienda del terror». Su sede estuvo por algún tiempo en Sudán, país regido por el ideólogo islamita Hassan el Tourabi y el Presidente Omar Hassan al-Bashir, hasta que se trasladó a Afganistán donde gozó de la protección del régimen de los Talibanes. Fue por esta época (1984-2000) que Al Qaida se atribuiría responsabilidad por la destrucción de las embajadas de E.U. en Nairobi y Dar es Salaam y el ataque al destructor Cole. Ya empezaban a contarse por cientos las víctimas de Al Qaida. Aunque en su base ideológica hay elementos de nacionalismo árabe predominan las influencias religiosas derivadas del *Corán*.

Trazar los orígenes de Al Qaida es también una manera de identificar con más detalles a los dos responsables principales de la tragedia del once de septiembre. Uno de ellos, Osama bin Laden, millonario saudí; el otro, Ayman al Zawahiri, médico egipcio. Zawahiri nació en El Cairo, hijo de un profesor de farmacología y de una piadosa musulmana. Ambos, Osama y Ayman, eran fanáticos fundamentalistas pero sus años formativos fueron muy distintos. Osama había tenido una vida fácil y relativamente mundana; el otro se involucró desde temprano en la causa del radicalismo islámico por vía de sus nexos con el *Yihad Islámico* y fundando incluso su propia organización clandestina. Aunque no participó en el asesinato de Anwar al Sadat (el presidente de Egipto) fue encarcelado varios años a raíz de ese crimen. A Osama le inició en el activismo islámico su mentor Abdula Azzan, incansable propagandista de la *yihad* global así como su participación en la guerra de Afganistán contra los soviéticos; Ayman estuvo también presente en esa guerra prestando servicios en un dispensario médico. La experiencia exitosa de la guerra de Afganistán y sus vinculaciones con el régimen de los Talibanes galvanizaron el militantismo de ambos y también su adhesión a la idea de la lucha armada como medio de hacer triunfar al Islam.

A la muerte violenta de Azzan (asesinado en 1989) Zawahiri se convirtió en mentor, guía espiritual, consejero número uno y asociado de Osama. Tenía para ello buenos títulos pues además de médico cirujano era autor de varias obras incluyendo *Caballeros bajo la bandera de Mahoma* y *La amarga cosecha de la Hermandad Musulmana*.

La unión de Osama y Ayman fue de vital importancia para el futuro de una *yihad* global. El primero aportaría los medios financieros y el otro la capacidad analítica y los mayores conocimientos de la religión islámica; uno representaría el rigor de la secta wahhabi; el otro la experiencia de la filial egipcia. El hecho de contar ambos con la cooperación del kuwaití Abu Gharth le imprimiría a la lucha un carácter transnacional. En 1998 Bin Laden y Zawahiri, junto a otros líderes islámicos, fundaron el Frente Islámico Internacional contra los judíos y Cruzados. Para entonces era ya claro que junto al impulso religioso y la estrategia global, Al Qaida iba a desarrollar sus tácticas según el principio de que el fin justifica los medios.

Si bien la motivación principal de los autores intelectuales fue religiosa, esa motivación se combinaba en realidad con otros objetivos de índole político-religioso como la liquidación del Estado de Israel, la restauración de la institución del califato, el desalojo de personas e intereses occidentales del Cercano y Mediano Oriente y la devolución al Islam de Al Andalús (casi toda España).

En su fisonomía estos inductores no eran como los antiguos paladines islámicos que se batían a visera descubierta con sus adversarios. Los de hoy son seres tenebrosos que urden en la oscuridad y lejanía sus siniestros planes. Mas, tanto ellos como los autores materiales comparten a plenitud una misma convicción religiosa: aceptan sin titubeos lo que Mahoma y *El Corán* habían dicho sobre la lucha contra el infiel.

## OSAMA BIN LADEN

Bin Laden es un producto genuino de las escuelas fundamentalistas establecidas en Arabia Saudita con el patrocinio del gobierno. Nacido en Yedda en 1954, hijo (bin en árabe) del multimillonario dueño de la empresa BTP quien crió a Osama como devoto musulmán y tuvo tiempo para engendrar otros 53 hijos, Osama estudió primero en la escuela Al Thager, dirigida por exiliados miembros de la Hermandad Musulmana quienes le inculcaron las nociones básicas del yihadismo más radical. Realizó después estudios universitarios en la Escuela de Economía y Administración de Negocios de la Universidad King Abdulaziz de Yedda. Según una versión obtuvo un título de master en ingeniería civil en 1979, según otra versión completó el grado de bachiller en administración pública en 1981, y conforme a una tercera versión no llegó a alcanzar título alguno habiendo dejado la universidad cuando cursaba el tercer año.

Su formación ideológica fue influida por dos teólogos de gran relieve en el mundo musulmán: Mohamed Quth y Abdula Azzan, ambos propagandistas incansables de la guerra santa y autores de opúsculos de ardiente fervor islámico. Aunque bin Laden nunca estudió religión en un seminario y no está por ello habilitado para emitir *fatwas* (véase más adelante) o sentencias religiosas, sí se le considera versado en *El Corán* y en otros escritos y tradiciones islámicas. Es probable que alguno de sus mentores o su propio adiestramiento informal le diera cierta autoridad y prestigio en cosas de religión. Es indudable en todo caso que fueron sus convicciones religiosas las que le movieron a participar en la guerra contra los invasores soviéticos en Afganistán. Antes, cuando tenía sólo 17 años, se casó con una prima hermana residente en Siria y se unió también con otras mujeres pero no se sabe con certeza ni el número ni la identidad de ellas.

La guerra en Afganistán y el haber convivido con los ultra puritanos Talibanes acentuaron su militancia radical y le llevaron a entregarse en cuerpo y alma a la causa islámica. Si apoyó o no al líder Talibán Mullah Omar a que se proclamara califa es un punto debatible. Lo que sí es indiscutible es que fue en Afganistán donde forjó su alianza con Zawahiri y dio vida a Al Qaida.

Entre 1991 y 1996 vivió en Sudán donde tuvo la protección del Frente Nacional Islámico hasta que bajo presión de E.U. el Gobierno de Khartúm le pidió que abandonara el país. Volvió entonces a acogerse al cobijo de los Talibanes en Afganistán. En 1998 emitió una pretendida *fatwa* titulada «Declaración del Frente Mundial para el *Yihad* contra los Cristianos y los Judíos» en la que se proclama el deber de los musulmanes de matar americanos. Para entonces ya se había producido la fusión de los adeptos al wahhabismo más radical con los elementos salafistas egipcios y muchos antiguos prosélitos de la Hermandad Musulmana. Se acercaba la fecha de la infamia.

## LOS AUTORES MATERIALES

Los inductores del crimen seleccionaron cuidadosamente a los que iban a ejecutar la matanza del once de septiembre. Escogieron a 20 fanáticos fundamentalistas dispuestos a dar sus vidas por la causa del Islam y la mayor gloria de su profeta. Creían firmemente que en su condición de mártires muertos en el sendero de Alá irían directamente a gozar de las delicias del paraíso. Uno de ellos incluso puso en su equipaje el traje de bodas con el que se proponía casarse con una o varias de las huríes que le aguardaban.

Quien aparentemente actuó como jefe del grupo fue Mohamed Atta, hombre educado y ardoroso creyente en la interpretación literal del *Corán*. Los demás autores tenían un perfil parecido al de Atta aunque la mayoría no mostraba los mismos niveles de educación. Quince eran de origen saudita y filiación wahhabi. Uno de ellos Waleed al Shehri vivió por algún tiempo en Daytona Beach. Los conjurados no dieron *ultimatum* alguno ni dejaron constancia de su adhesión a ideologías políticas. Un documento divulgado después por el FBI y conocido como «el testamento de Atta» (aunque en realidad fue redactado por su cómplice Abd al Aziz) dejó establecido de manera clara e inequívoca cuales eran las motivaciones de los responsables de la matanza. Dicho documento encontrado en los escombros del WTC menciona varias normas e invocaciones del *Corán* y la Sunna dirigidas a guiar la acción de los terroristas en el momento de la acción. Se les conminaba a gritar Alá Akbar, se les decía que si es preciso degollar hay que cumplir la orden. «No discutáis, escuchen y obedezcan». Las bendiciones de Alá y su salvación les acompañarán. Y recuerden que las huríes os llaman: «Venid oh amigos de Alá». «Y todo ese gozo se hará realidad a condición de que no te distraigas en el momento supremo del ataque al enemigo». Los ejecutores eran en verdad simples seguidores incondicionales del profeta. Gente dócil y crédula que había sido adoctrinada en la interpretación literal del *Corán* y pensaba que tras el ataque se les abrirían las puertas del paraíso.

## MOHAMED ATTA

Es un fenómeno típico de las guerras y sobre todo de las guerras de religión que los que son héroes admirados de un lado son también grandes villanos del otro. Y también lo es que cualquiera que sea su apreciación dichos autores adquieren notoriedad y fama y que ésta es tanto mayor cuanto mayor sea la gravedad del hecho en cuestión.

Tal es el caso de Mohamed Atta, presunto jefe de la banda que cometió los crímenes del once de septiembre. ¿Quién se hubiera tomado el trabajo de escribir su biografía, como hoy se hace en España por ejemplo, si no es por su condición de principal autor material de tamaños asesinatos múltiples? No solamente fue él quien piloteó el vuelo 11 de American Airlines que destruyó la torre 1 del WTC sino que tuvo a su cargo también la dirección y coordinación de los demás confabulados.

Atta nació en El Cairo, vástago de una familia acomodada de filiación islámica sunita. Luego de sus estudios en escuelas coránicas y laicas de Egipto, Atta se trasladó a Hamburgo en Alemania en cuya universidad estudió urbanismo; fue al parecer un buen estudiante que compartió sus deberes universitarios con el de animador y líder de una asociación de estudiantes musulmanes. Es posible que de su país trajera una ferviente adhesión al extremismo islámico y una práctica estricta de los deberes de su fe. Es posible que fuera miembro de la Hermandad Musulmana pero no se tienen pruebas fehacientes de ello. Es seguro en todo caso que su piadoso comportamiento llamó la atención de Zawahiri quien se encargó de ponerlo en contacto con la red de Al Qaida.

Mientras se involucraba en la trama que conduciría al WCT y para disipar la más mínima sospecha, Atta escribió su tesis (o ensayo preliminar a la tesis) sobre las medidas que deberían tomarse para mantener la composición multireligiosa (islamo-cristiana) de la ciudad de Aleppo en Siria.

Convertido ya en partícipe clave de la trama, Atta se trasladó a E.U. y tomó cursos de aviación en la Escuela AINSI en la que se inscribirían también algunos de sus cómplices. Se sabe que antes y después viajó por varios países europeos para familiarizarse con las costumbres occidentales. Una información errónea del *Weekly Standard* lo sitúa en Praga en abril del 2001 cuando en realidad estaba en Fort Lauderdale en Florida. En julio del mismo año se reunió con altos jefes de Al Qaida en Tarragona, España a fin de ultimar los preparativos del ataque, tanto los operacionales como los financieros. Respecto a estos últimos se sabe también que unos meses antes de septiembre 11 recibió un cheque por $ 100.000 enviado desde Pakistán.

El dato más comprobado y constante de su vida es que fue en todo momento un creyente firme en la interpretación literal del *Corán*. Su padre expresó gran orgullo y satisfacción por el crimen cometido por su hijo.

**EL FACTOR RELIGIOSO**

Cuando la televisión de Estados Unidos ofreció al mundo la visión apocalíptica de ese once de septiembre de 2001, fueron muchos los que creyeron que ese día el fundamentalismo islámico había declarado la guerra a E.U. y demás países occidentales. Craso error. La guerra contra los cristianos comenzó el día del mes de junio del año 632 en que Abulkasim Ibn Abdula Mahoma terminó de dictar a su amanuense (pues él era analfabeto) el último capítulo del *Corán*. Léanse los 114 capítulos o suras de ese libro y se verá como a lo largo del mismo el profeta se refiere repetidas veces a la guerra implacable que su religión iba a librar contra los infieles (kafirs). No una guerra cualquiera sino una guerra cruel e inmisericorde que se libraría al grito de *Alá-Akbar*.

Quienes perpetraron o tramaron el crimen monstruoso del 11 de septiembre no eran criminales pagados ni terroristas al uso sino fanáticos de una religión que condona y auspicia cualquier acto de guerra contra los infieles, que en este caso eran los fieles de otras religiones, la de cristianos y judíos. Entrevistado por la BBC uno de los ejecutores del atentado de Londres del 2005 declaró: «Estamos en guerra y yo soy un simple soldado». Por su parte el asesino en Holanda de Theo Van Gogh luego de renunciar a su defensa afirmó «no actué por odio sino por mi credo que ordena que hay que decapitar a los que insultan a Alá o a su profeta». Y otro de los implicados en el crimen de Londres, Omar Makni, escribió en una revista portuguesa que para el Islam la vida de un no creyente carecía de valor. Y fue al calor de esas creencias que se llevaron a cabo los antes citados crímenes cometidos con premeditación, alevosía y ensañamiento. Los de septiembre 11 pudieran figurar como obra maestra en cualquier historia de los crímenes contra la humanidad.

A la hecatombe de las Torres Gemelas le siguieron los siniestros del 2002 en Bali y en Moscú (Teatro de la Duma), del 2003 en Estambul y Casablanca, del 2004 en Madrid y Beslan, del 2005 en Londres, del 2006 en Bombay y del 2007 en Hyderabad, India y en Argelia. Entre el 2001 y 2006 la prensa mundial dejó constancia de 54 atentados terroristas sin contar los ocurridos en Irak e Israel. Un ataque terrorista efectuado en agosto de 2007 por Al Qaida contra la minoría religiosa Yeside (Yazidi) de Kurdistán mató más de 400 personas. Fue entonces que el mundo advirtió que esos crímenes habían sido precedidos por tragedias similares en Beirut, Buenos Aires, Luksor, Nairobi, Dar es Salaam, Moscú, Tel Aviv y el destructor Cole y que todo ello formaba parte de un encadenamiento predeterminado.

Los atentados de 1983 fueron cometidos por miembros de Hizbolá, organización terrorista patrocinada por Irán y perteneciente por tanto a la secta chiita (véase el capítulo XI). Los acreditados a la cuenta de Al Qaida fueron ejecutados por sunitas, es decir adeptos de la otra gran secta islámica. Lo que significa que a la hora de combatir cristianos las dos sectas estaban ciertamente identificadas.

Lo que hace aún más insólito el ataque del once de septiembre de 2001 era que apenas unos dos años antes, los E.U. actuando en defensa de un país en su mayoría musulmán (Kosovo) había bombardeado durante 78 días a un país perteneciente al mundo occidental (Serbia).

Algo más profundo y siniestro, quizás un odio ancestral, debía haber entrado en juego.

¿De dónde provenía esa furia homicida que movió a los 19 terrorristas del 11 de septiembre a matar a miles de inocentes? ¿Qué principios del *Corán*, libro calificado de divino por los musulmanes les pudo impulsar al crimen? ¿Sería tal vez la perspectiva de una boda en el paraíso con una o varias doncellas de ojos negros, senos turgentes y cuerpos seductores? ¿Se debería al resentimiento causado por varios siglos de atraso comparativo? ¿O habría también impulsos materialistas en busca del territorio o la tecnología que otros países atesoraban?

# CAPÍTULO II

# EL ASOMBROSO ASCENSO

**ESTADÍSTICAS INQUIETANTES**
El fanatismo religioso y el uso indiscriminado del terror son pues las causas principales del peligro islámico. Sin embargo, para apreciar en toda su extensión la gravedad del peligro es preciso tener en cuenta también el siguiente dato demográfico: en 1966 el número de musulmanes en el mundo se calculaba, según la Enciclopedia Británica, entre 370 y 400 millones. Hoy se estima que son alrededor de 1.200 millones, lo que representa un aumento de más de 300 por ciento. Más de 20 millones de seguidores del Islam residen actualmente en Europa y alrededor de cinco o seis millones se han instalado en los Estados Unidos. En términos globales el Islam representa un 14 por ciento de la población mundial y crece a un ritmo de 2.14 por ciento al año. (A fines del siglo XX el cristianismo alcanzaba a un 18 por ciento de la humanidad)[1]. No todos los fieles del Islam son de extracción radical ni de vocación fundamentalista, pero aun constituyendo los radicales una minoría esos números son suficientes para nutrir las filas de una gran legión o potencial quinta columna y constituir una amenaza a la seguridad de los países cristianos. De su militancia dan fe los más de dos millones de musulmanes que como promedio realizan la peregrinación a la Meca cada año, los millonarios de Arabia Saudita que en conjunto donan miles de millones de dólares a la causa del Islam y el aumento notable de mezquitas, madrasas y centros de cultura islámica por todo el mundo. En 1985 había en Egipto una mezquita por cada

---

[1] Según el World Christian Database el Islam representaba en 2005 un 21 por ciento de la población mundial frente a un 33 de los cristianos. Budistas e hinduistas quedaban bastante rezagados con 13 y 6 respectivamente.

603 habitantes; en 2005 la proporción era de una mezquita por cada 736 personas.

En su distribución regional el Islam es particularmente fuerte en Asia y África, sobre todo en los países menos desarrollados. En esas áreas del Tercer Mundo, el Islam se acrecentó enormemente más allá de su espacio originario del mundo árabe. Son varios los países no árabes que se autodesignan hoy como Repúblicas Islámicas o incluyen al Islam como su religión oficial, como es el caso de Malasia, Mauritania y Somalia. Tanto en países cristianos como en islámicos moderados han surgido o se han fortalecido guerrillas rebeldes que operan en regiones específicas de Asia y África. El país islámico más grande del mundo es Indonesia. El Islam de la secta sunita de los Shafites fue llevado primero a Sumatra por mercaderes indios en el siglo XIII y de allí se fue esparciendo por las otras islas en los dos siguientes siglos. Son también de Asia los otros tres países más grandes del Islam (Pakistán, Bangladesh e India) pero su islamismo es de más vieja prosapia. El subdesarrollo y la pobreza han sido el caldo de cultivo de la proselitización islámica sobre todo en Asia y África. Sin embargo, en los últimos tiempos se advierte una alarmante tendencia del Islam a expandirse en dirección a Occidente. En total ascienden hoy a 57 los países islámicos.

## LA EXPANSIÓN EN EUROPA

La clave del sentido que tomen las relaciones de Occidente con el mundo islámico está en Europa. No se olvide que el once de septiembre fue planeado en Hamburgo y España y que en Europa ha estado la sede del cristianismo; de allí se ha diseminado por todo el mundo. Aunque la Unión Europea no quiso poner en el preámbulo de su Constitución su identificación con el cristianismo, no hay duda de que éste constituye el alma de esas 27 naciones. Y sin embargo en los últimos 40 ó 50 años Europa se ha creado a sí misma una situación cercana a la crisis con el Islam. No la han creado los reductos históricos del Islam, aquellos que deben su origen a la expansión del Imperio Otomano y a que se introdujeran las creeencias musulmanas en Albania, Bosnia Herzegovina, Macedonia, Kosovo, partes de Bulgaria, pequeñas porciones de Tracia en Grecia y de Montenegro. El problema radica en las más recientes oleadas de inmigrantes que en busca de trabajo se han asentado en los países más ricos de la región. Fue el alto nivel de prosperidad alcanzado después de la II Guera Mundial el que dio lugar a que la población nativa de los países europeos decidiera abrir la puerta a los inmigrantes para que éstos realizaran los trabajos manuales más duros y desagradables, precisamente aquellos que los europeos rehusaban hacer. Gradualmente fueron entrando así en Europa millones de turcos, argelinos, marroquíes, tunecinos y egipcios, así como otros millones de musulmanes del Cercano Oriente. En los últimos diez años la población islámica de España creció de 50,000 fieles a un millón. Según Oriana Fallaci, Europa se está convirtiendo en una provincia del Islam a la que llamaba Eurabia.

En su gran mayoría esas minorías no se han integrado con la población europea y mucho menos se han cristianizado; sus descendientes a menudo discriminados y amargados son hoy el fermento de la agitación y disturbios que afectan los suburbios de las grandes ciudades. El ejemplo más notorio lo ofrece Francia con los muchos jóvenes rebeldes que forman parte de sus cinco o seis millones de población islámica. En Alemania sólo con referencia a los musulmanes turcos y kurdos se registran cerca de 4,0 millones de personas. Argelinos, marroquíes y tunecinos alcanzan el millón en España e Italia. Son cerca de dos millones los islamitas que residen en Gran Bretaña. El 70 por ciento de la población de Albania, el 30 por ciento de la población de Macedonia y el 15 por ciento de Bulgaria pertenecen a esa religión. Se explica así el espectáculo común a las principales ciudades europeas de mujeres veladas deambulando por las calles y sitios públicos. En algunas ciudades se multiplican los minaretes que compiten con los chapiteles de las antiguas catedrales góticas.

El dilema que en esas condiciones confrontan los países europeos es el de redoblar los esfuerzos de integración o buscar los modos legales de reducir o deportar los millones de musulmanes que pudieran convertirse en un serio problema en caso de conflicto abierto. Hay al presente 2000 mezquitas en Francia y 1500 en el Reino Unido donde se estima que hay más fieles del Islam que de la Iglesia Anglicana. En

Alemania el rechazo a la integración de turcos y kurdos es en verdad notable. La mayoría de ellos viven en guetos separados y cuantos esfuerzos han hecho las iglesias cristianas por entablar un diálogo han sido inútiles. Para esos países la tasa de nacimientos de la población islámica excede con mucho a la nativa. A largo plazo la etnia europea nativa se irá desvaneciendo de cara a la penetración africana y musulmana.

## LA EXPANSIÓN EN LOS E.U

A comienzos del siglo XX había sólo 10.000 musulmanes en E.U. La penetración del Islam empezó hacia 1914 cuando se fundaron los primeros centros de esa religión en Newark y Cedar Rapids, Iowa. Sus primeros adeptos fueron inmigrantes originarios del Cercano Oriente. Por algunos años su presencia no fue en modo alguno masiva hasta que se produjo la conversión de un segmento importante de la comunidad afroamericana. En 1930 se fundó la que habría de ser la Nación del Islam. Cobró fuerza bajo el liderazgo de Elija Mohamed, Malcom X y Louis Farrakhan (el que afirma que todos los descubrimientos científicos se deben al Islam) quienes lograron proselitizar un buen número de gentes de su raza. Atletas famosos como Mohamed Ali y Karim Abdul Jabbar optaron por el Islam y ello tuvo cierta repercusión no sólo en los E.U. sino también en islas del Caribe, sobre todo en Trinidad y Tobago, donde en 1980 influyó en la formación del grupo radical Jamaat Muslimeen, el cual trataría en 1990 de apoderarse del gobierno. Sin embargo, en E.U. la gran masa de la población afroamericana permaneció fiel a las dos iglesias cristianas que más arraigo tenían en esa raza: la Bautista y la Metodista. En la actualidad se calcula que la afiliación total del Islam gira alrededor de los cinco millones, de los cuales más de la mitad son inmigrantes o son descendientes de antiguos musulmanes y el resto afroamericanos. Los inmigrantes musulmanes viajan llevando en sus valijas sus creencias, costumbres y pertenencias tribales. Uno de los voceros de Al Qaida, Adam Gadahn, es americano de origen árabe. En la actualidad suman más de 200 las universidades en las que existen capítulos de la Asociación de Estudiantes Musulmanes.

Aunque los versículos 102 y 103 del sura III del *Corán* dicen que en el día de la resurrección Dios premiará a los hombres de rostros blancos y castigará a los hombres de rostros negros que pasaron a ser infieles, la mayoría de los comentaristas rechazan la interpretación racista de esos versículos.

El Islam cuenta además en los E.U. con el voluminoso contingente de incautos, tontos útiles y ciudadanos rencillosos que están siempre dispuestos a patrocinar causas contrarias a su propio país. Fueron de ese tipo los votantes de Minessota que en 2006 eligieron al primer congresista musulmán en la historia de los E.U. El interfecto tuvo la temeridad de pedir que se sustituyera la Biblia por *El Corán* en el juramento de su investidura.

## LA CONEXIÓN INTERNACIONAL

Dos hechos contribuyeron a dar vida a la creación de organizaciones internacionales: la necesidad de cohesionar la diáspora musulmana y el fermento de los movimientos panislámico y pan árabe. De este último hay ya un antecedente en 1945 con el acuerdo panárabe entre Egipto, Siria y Arabia Saudita. En 1962 se fundó la Liga Mundial Musulmana y siete años después, en 1969 se creó la Organización de la Conferencia Islámica con fines de coordinación y ayuda a las minorías musulmanas. En la actualidad la OCI cuenta con 57 países miembros en los que la mayoría de la población es islamita. Existe también un Frente Islámico Mundial y una Unión de Tribunales del Islam que pretende imponer la Sharia o ley del Islam en los países bajo control musulmán. No es una aspiración utópica pues hay países que han establecido ya Comisiones Consultivas para la Aplicación del Derecho Musulmán y otros que han constituido asociaciones de eruditos en la cultura islámica. Se debería mencionar también la existencia de una Asamblea Mundial de la Juventud Musulmana, de otra organización internacional de ayuda a los pobres de esa fe y desde luego la Liga Árabe integrada por 22 países y básicamente islámica.

En el fondo de la proyección internacional del Islam late la creencia utópica en la idea de un califato mundial, es decir, de una forma de dirigencia política y religiosa que rigiera a todos los musulmanes del mundo. Algunos califas de la vieja dinastía Abasid o Abáside con sede en Bagdad pensaron que estaban cerca de alcanzarla y también soñaron con esa finalidad algunos sultanes del Imperio Otomano. Sin embargo en 1926 una Conferencia Internacional sobre el Califato celebrada en el Cairo acordó dejar en suspenso la idea y vacante el cargo hasta que todos los islamitas se unieran.

La contraposición de sunitas y chiitas se agudizó a partir de la victoria de los ayatolas en Irán y dio lugar al establecimiento del Consejo para la Cooperación de los Países del Golfo, que buscaba contener la influencia de Irán en esa región.

## UN INESPERADO REFUERZO

Lo grave de esta expansión es que está siendo fortalecida y respaldada por una gran parte de la izquierda revolucionaria del mundo. Tras la desintegración del imperio soviético los comunistas irredentos no teniendo donde arrimarse han pasado a fortalecer la retaguardia del gran movimiento islámico. Los une la misma hostilidad hacia los E.U. y el mismo deseo de dominar al mundo. En su día pelearán unos contra otros pero por el momento saben que es esa alianza la que les permitiría derrotar a los E.U.

Los acercamientos de la Unión Soviética con los países islámicos datan de 1928 y su antecedente más específico puede hallarse en el permiso dado al grupo Hizb al Tahsir para actuar en Asia central. En la actual fase del activismo islámico los contactos con los grupos marxistas se han extendido a partidos trotskystas como es en el Reino Unido el Partido Socialista Obrero (SWP) y en Francia el Partido Socialista de la misma orientación. El trabajo de proselitismo se extiende en todas direcciones desde las capas intelectuales de alto nivel como es en los E.U. la Harvard Islamic Society y en Europa el apoyo que conocidas figuras de la izquierda como Jean Ziegler ex diputado suizo, José Bove el enemigo de las multinacionales y el ecologista Noel Mamère han dado al prominente líder musulmán Tarik Ramadan a quien la revista *Time* incluyó entre los cien intelectuales más importantes del siglo XX.

Sin embargo, fue Fidel Castro quien imprimió a esos contactos un carácter más cercano a la alianza con la celebración en La Habana en 1966 de la Conferencia de Solidaridad Tricontinental en la que se dieron cita organizaciones marxistas y musulmanas. Comunistas y devotos de Alá volvieron a estrechar vínculos en la Organización de los Países no Alineados. El mismo Castro la fortificó con los nexos que estableció con el bloque afromusulmán de las N.U. y la vino a sellar con los viajes, pactos y entendimientos que él y Hugo Chávez han estado realizando desde que en agosto de 2001 Castro declarara en Teherán «ustedes los musulmanes y nosotros podemos poner de rodillas a los E.U.»

Aunque los unen también sentimientos de odio y una supuesta preocupación por los humildes, a las doctrinas en cuestión las separa una gran distancia. El marxismo es una doctrina moderna que reúne una teoría económica sobre el valor, una doctrina social derivada de la lucha de clases y una estructura política totalitaria, todo ello sustentado por una ideología materialista. ¿No parece una incongruencia asociar esa ideología a una religión fundada hace más de 1.300 años y cuyo énfasis se puso en valores espirituales? ¿Acaso no dijo Marx que la religión es el opio de los pueblos? No se olvide, sin embargo, que lo que Jean François Revel llama «la obsesión antiamericana» es un sentimiento muy fuerte perceptible en muchos países del mundo.

## ¿A QUÉ SE DEBE EL ASOMBROSO CRECIMIENTO DEL ISLAM?

El Islam nació como un movimiento político-religioso dirigido a liquidar el dominio de la tribu Coraix (Quraysh) en la Meca y erradicar la idolatría en Arabia. Para lograr lo primero se invistió de matices sociales y puso énfasis en la defensa de los humildes. Para alcanzar lo segundo basó su religión en una teología sencilla accesible a las capas más bajas de la población. Su creencia central (Al-Tawhid) no podía ser más simple. «No hay más Dios que Alá y Mahoma es su profeta». Nada de misterios como el de la Santísima Trinidad ni de dogmas sutiles como el de la doble condición divina y humana de Cristo. Al Dios único se le invistió de toda clase de atributos y virtudes. No era sólo clemente y misericordioso como dicen al comienzo todos los capítulos del *Corán*, sino también omnisciente, omnipotente, creador del cielo y de la tierra y perfecto en sus obras. Hay también pasajes del *Corán* que lo presentan como vengativo, un tanto arbitrario («él hace lo que quiera»), astuto (VII-183), sutil, intrigante, autor de las acciones buenas y de las malas, creador de los réprobos y de los extraviados así como de las desigualdades. Alá es mencionado 1286 veces en *El Corán*.

A esa religión que Mahoma comenzó a divulgar cuando a los 40 años se convirtió en agitador iluminado, se le fueron añadiendo otras reglas del comportamiento y sobre todo un sistema detallado de premios y castigos. Las recompensas eran generosas y los castigos estrictos y rígidos. A los creyentes se les prometió un Edén de contornos sublimes en tanto que sobre los infieles (kafirs) se cernía una horrible condena de sufrimientos y suplicios.

Con esas crencias y con el carisma de su expositor máximo, Mahoma, el Islam se impuso en el siglo VII y continuó expandiéndose en años posteriores. Le ayudó también la doble recompensa, terrenal y extraterrenal que ofrecía («al que desee la recompensa de este mundo nosotros se la concederemos; nosotros concederemos también la de la vida futura al que la desee». III-139). El Paraíso se describe en *El Corán* en términos que son a la vez idílicos y también sensuales y mundanos. Los que creen tendrán por morada mansiones placenteras y jardines regados por ríos de leche, miel y vino; a los que mueran en defensa del Islam les aguardan en deliciosas sombras las famosas huríes bellas y sin manchas. ¿Cómo iban a rechazar esas promesas los que habían llevado vidas miserables en un ambiente hostil? Lo extraño es que se inclinaran también a esa religión gentes cultas que viven en ciudades modernas donde no hace falta que corran ríos ni que abunden los dátiles; ni cobra especial significación el que reciban alimento mañana y tarde (XIX-63). Que los trajes sean de seda y los brazaletes de oro y perlas (XXXV-30) no debería tener gran atracción en la época del cine, la televisión, los deportes y las recreaciones del *dolce far niente*. Y sin embargo al islamismo radical adhieren hoy también muchos técnicos y profesionales atraídos por viejas creencias y por el elemento de odio y destrucción de Occidente que también caracteriza al fundamentalismo islámico.

En su afán de captar los segmentos más diversos de la sociedad el Islam despojó su credo de liturgias complicadas y favoreció la comunicación directa del creyente con Dios. El propio Mahoma se caracterizó a sí mismo como el profeta que «aligera tus fardos y quita las cadenas que te agobian» (VII-156). Sobretodo en su secta mayoritaria, la sunita, no hay sacerdotes, ni santos, ni sacramentos. No los hay desde el punto de vista teológico pero sí desde el ángulo sociológico. Tampoco hay conventos ni monasterios («la vida monástica la han inventado ellos». LVII-27). Los deberes del creyente recaen personalmente sobre él; no necesitan apoyos externos. *Imanes* y *ulemas* fueron al comienzo simples predicadores; el *mufti* no es más que un experto en la interpretación de la *sharia* o ley islámica y el sermón (*khubah*) lo puede dar cualquier hombre reconocidamente piadoso. No se olvide que el credo islámico (*aqida*) es esencialmente fatalista y se basa en la predestinación.

Los dos factores que a mi juicio más contribuyen a explicar el asombroso ascenso reciente del Islam son el vacío espiritual que caracteriza al mundo occidental moderno y las facilidades de que hoy goza el Islam para proselitizar nuevos creyentes. Los países occidentales se han visto aquejados, en efecto, en los últimos dos siglos por una obsesión consumista y un materialismo creciente. La fe cristiana que era su gran sustento espiritual se ha visto erosionada en lo bajo de la sociedad por el hedonismo y en sus capas más altas por el agnosticismo. El culto a la razón, los alcances de la Nueva Era y la puesta en duda de los valores tradicionales han servido para ahondar el vacío del espíritu y disminuir el vigor de los cristianos. El ejemplo pertinente lo ofrece Inglaterra donde menos del siete por ciento de la población va a la iglesia el domingo. Desgraciadamente, hay otros países cristianos en los que ese porcentaje es igual o menor.

Ese vacío y la necesidad insatisfecha de buscar la verdad en medio de tantas turbulencias las ha querido llenar el Islam con sus simplistas doctrinas. La religión que estuvo adormecida durante cerca de tres siglos de pronto vio cómo se abrían sus posibilidades de proselitización con el descubrimiento hacia 1930 de la inmensa riqueza que yacía en el subsuelo. La explotación intensiva de esa riqueza coincidió con el proceso de descolonización llevado a efecto por las Naciones Unidas. Dueños del petróleo, los países islámicos aprovecharon esa coyuntura para iniciar la construcción de madrasas, mezquitas y centros culturales por todo el mundo. Su exitosa campaña de proselitización dirigida en particular al Tercer Mundo ha hecho posible llevar adelante el <u>gran desquite</u> del mundo islámico que se sentía ultrajado por 300 años de subyugación política e inferioridad tecnológica.

Otra razón, aplicable en especial a los países árabes, guarda relación con el fracaso de las ideologías nacionalista y socialista. Lograda la independencia esos países ensayaron primero el nacionalismo con Nasser en Egipto y Mossadegh en Irán y luego el socialismo con el Partido Baath en Irak y Siria, pero ambas doctrinas fallaron en atraer las masas y fue entonces que generaciones enteras se volcaron hacia la religión como una manera de forjar su identidad. Se habían decepcionado con la política secular y volvieron los ojos hacia el Islam.

Ha influido también en el ascenso del Islam la acción de gobiernos como el de Malasia que ofrecen incentivos económicos a los que se convierten al Islam y penalizan con mayores impuestos a los que renuncian a esa religión. Recuérdese que el concepto de la separación de la iglesia y el Estado no existe en esa religión.

Más de mil doscientos millones de personas movidas por una religión intrinsecamente belicosa representan, en todo caso, una gran amenaza para el resto de la humanidad. El Islam nació como una religión de talante agresivo, propia de guerreros del desierto. Que esa religión incluya normas sobre cómo repartirse el botín de los asaltos a las caravanas que atravesaban el desierto o sobre cómo medir por el número de camellos la capacidad contributiva de una persona debería hacer pensar a muchos de sus creyentes en la necesidad de modernizar algunos de sus principios y hacer pasar algunas prescripciones por el filtro de la razón. Cabe presumir que hay creyentes del Islam capaces de distinguir los principios de valor permanente de las normas arcaicas aplicables a una sociedad primitiva y que sería absurdo aplicar en la época actual. Lamentablemente hay creyentes aferrados a la letra del *Corán* que se consideran fundamentalistas y estos creyentes no son sólo gente primitiva o inculta como se cree comúnmente. Involucrados también en el radicalismo islámico figuran en tiempos recientes algunas capas de intelectuales.

## EL AUGE DEL FUNDAMENTALISMO

El término fundamentalismo fue acuñado por protestantes de E.U., principalmente bautistas y presbiterianos, que abogaban por una interpretación literal de la Biblia y que entre 1910 y 1915 publicaron los 12 volúmenes de la obra *The Fundamentals*. Tal vez sea en razón de ese origen norteamericano que algunos extremistas islámicos rechazan el uso de esa palabra, no obstante el hecho de que ellos también preconicen la misma tesis de interpretación textual de su libro básico *El Corán*.

Esa postura no es de factura reciente. Al contrario, tiene en el campo islámico remotos antecedentes. Ya en el año 657, o sea 25 años después de la muerte del profeta, los Jariyitas se apartaron de la rama chiita invocando razones relacionadas con la adhesión estricta al *Corán*. Y es asimismo el retorno a las primeras enseñanzas del Islam lo que en el siglo XVIII dio vida al austero y rígido movimiento wahhabi que años después se convertiría en la religión oficial de Arabia Saudita. Otras sectas nacidas el siglo siguiente en países que eran entonces colonias como Egipto, India y Siria asociaban la interpretación literal de los textos con las más rígidas posturas antioccidentales. Cabe citar aquí al movimiento Deobandi, el salafismo wahhabita y la tendencia Ahmadí.

El fundamentalismo islámico siempre ha coexistido con instituciones y prácticas de esa religión incrustadas en su tradición como es por ejemplo la guerra santa o *yihad*. Lo que ha hecho revivir esa práctica e imprimirle aspectos de revancha y desquite es el recuerdo de los muchos años de colonización, ocupación y sumisión a que estuvieron sometidos los musulmanes después de 1683, año en que fracasó el segundo asedio de Viena y comenzó su decadencia. Y ese recuerdo que yacía adormecido en la conciencia de los musulmanes fue reanimado en fechas recientes por el conflicto entre Israel y Palestina, la creación del grupo radical Al Qaida y el descalabro que el Occidente sufrió primero en Irán y luego en Irak.

Ya desde antes, en los años 1950-60, la Hermandad Musulmana de Egipto (fundada en 1928) comenzó a abogar por la sustitución del Estado secular por un Estado Teocrático. Y eso que parecía un sueño se hizo realidad con la victoria del Ayatola Jomeini en Irán en 1979.

## EL ASCENSO EN SU CONTEXTO HISTÓRICO

La expansión del Islam no debería causar asombro a los que conocen siquiera sea superficialmente su historia. Es verdad que en los últimos tres siglos el mundo occidental ha podido contener su avance y los países musulmanes han experimentado una pronunciada decadencia. Sin embargo, toda su historia anterior estuvo marcada por un perenne propósito de crecimiento y su disposición a librar interminables guerras. El Islam fue una religión en parte concebida para gentes habituadas a luchar y su fundador mismo fue un notable jefe político y militar. Los que le sucedieron a partir del segundo califa Omar iniciaron las llamadas guerras de expansión que llevaron a cabo con especial empeño bajo el signo de su profeta y la invocación de Alá. En menos de un siglo después de la muerte de Mahoma establecieron un imperio que iba desde la frontera con China hasta el sur de Francia, ocupando en el trayecto partes de India, Irán, todo el Cercano Oriente y el norte de África. En 711 conquistaron a España y Portugal donde permanecerían por más de setecientos años en España y de quinientos en Portugal. En el siglo IX tras ocupar Sicilia invadieron la península italiana y llegaron a saquear a Roma. Casi todos los grandes centros de poder de las antiguas civilizaciones, incluyendo a los imperios persa y bizantino, dinastías famosas desde la Tang en China y la Sena en India hasta los Visigodos en España y los Merovingios en Francia sufrieron los embates de los ejércitos del Islam. Sucesores y discípulos de Mahoma o bien arrasaron con religiones tan arraigadas como la de Zoroastro en Persia o bien quebrantaron por algún tiempo al cristianismo, al budismo y al hinduismo.

Otros pueblos convertidos al Islam proseguirían más tarde lo que los árabes habían iniciado; la lista va desde los bereberes hasta el Imperio Otomano pasando por sirios, persas, tártaros, kurdos, mongoles, azeríes, mamelucos y eslavos. Lo que buscan ahora y buscaron desde el principio no es un simple ensanchamiento de sus dominos sino la conquista del mundo utilizando para ello todos los medios a su alcance. Por absurdo que eso parezca esa es la meta y esa es la finalidad que establecen los textos básicos del Islam. Tomen nota sus nuevos aliados de hoy: A largo plazo esa religión aspira a poner de hinojos no sólo a cristianos y judíos sino también a comunistas, agnósticos, ateos e incluso adeptos de The New Age.

He ahí pues el segundo gran factor de peligro para el mundo occidental: la manera acelerada, brutal e indiscriminada como se han ido radicalizando en el último cuarto de siglo los segmentos llamados fundamentalistas del Islam. Desde los moros de Mindanao y el grupo Jamaah de Indonesia hasta la secta Salafista de Argelia y las facciones ultraradicales de Hamas, Hizbolá y Yihad Islámico del Cercano Oriente pasando por los Talibanes, Al Qaida y su cohorte se está asistiendo al increíble fenómeno de multiplicación de los grupos terroristas. Y es esa combinación del factor cuantitativo (número de adeptos) con el fanatismo religioso (hoy llamado fundamentalismo) lo que constituye el máximo desafío que el mundo encara en el siglo XXI.

# CAPÍTULO III

# RAÍCES DE LA ANIMADVERSIÓN

## LA SOCIEDAD ÁRABE ANTES DE MAHOMA

El Islam nació en una de las regiones más desoladas y pobres del mundo, la Península Arábica. Salvo algunos valles situados al oeste y sur de la península el resto de ese vasto territorio está formado por desiertos casi enteramente yermos y áreas montañosas semi desérticas caracterizadas por la falta de lluvias y la infertilidad del suelo. Tan árida e inhóspita es esa tierra que ningún imperio de la antigüedad, ni el Romano, ni el de Bizancio le prestó gran atención. La Biblia apenas incidentalmente menciona la palabra Arabia. El incansable San Pablo la visitó pero al parecer por corto tiempo (Gálatos 1-18). Y cuando en 1918, a la caída del Imperio Otomano, Inglaterra y Francia comenzaron a repartirse sus dominios, esas potencias optaron por menospreciar la gran península. A los habitantes de ella se les designó con el nombre de árabes (arabs en lengua semítica que significa nómadas).

Otros países subdesarrollados y pobres tienen siempre el recurso de la agricultura para dar vida a una economía de subsistencia. Sin embargo, en Arabia la agricultura que podía existir se reducía al cultivo de dátiles y a la atención al menguado pasto necesario para el sostenimiento de cabras y camellos. Víperos y escorpiones abundaban en cambio en el desierto. Un arenal sin fronteras naturales se prestaba a generar hábitos de guerra.

Los habitantes de la península se identificaban como semitas (descendientes de Sem, hijo de Noé) y como árabes ismaelitas, es decir, como descendientes de Ismael, el hijo de Abrahán con su esclava Agar. Equivocadamente se les llamó también sarracenos, es decir descendientes de Sara, la esposa de Abrahán. Quienes habitaban las pocas ciudades que existían, vivían del comercio y en particular del tráfico de caravanas. Muchos practicaban la usura. Otros servían de guías o intermediarios. Unos pocos ejercían oficios tradicionales y hereditarios como el de aguatero o distribuidor de agua y el de custodio de la Kaaba o piedra negra que se decía databa de los tiempos de Abrahán. Los que vivían fuera de las ciudades, beduínos o nómadas, formaban tribus dispersas cuyos hombres eran virtuales guerreros del desierto. Luchaban por el control de los pozos y oasis y se disputaban el botín de los asaltos a las caravanas.

En la lucha por sobrevivir en un medio ambiente hostil el hombre se valoraba por encima de la mujer y no era extraña la práctica del infanticidio. Algunas familias que esperaban la llegada de un varón enterraban vivas a las hijas recién nacidas. Ser guerrero era en cambio una ocupación particularmente digna en tiempos preislámicos.

Uno de los papeles asignados a las mujeres en la Arabia preislámica era el de incitar a los hombres a combatir con el mayor coraje en las guerras, a no rendirse jamás. Ellas permanecían por lo demás pasivas. En la sociedad preislámica las mujeres no participaban en las disputas sucesorias.

El país que existía con anterioridad a Mahoma era una sociedad esclavista en la que sus habitantes se dividían no sólo en razón del sexo sino también por su grado de libertad. A un lado estaban los hombres libres (*ahrar*) y al otro los esclavos (*abid*). Se estima que el número de esclavos alcanzaba cifras elevadas. Mahoma mismo heredó una esclava y tuvo a bien unirse con otra.

La Arabia de esa época era una sociedad pagana en la que predominaban los idólatras que adoraban cosas o imágenes que creían representaban dioses o fuerzas sobrenaturales. Los que no eran idólatras en sentido estricto eran fetichistas y unos y otros tenían la noción de un Dios superior, creador del universo al que llamaban Alá. Este nombre que tanto invocarían después los mahometanos se usaba también en la sociedad preislámica.

Fuera de la Meca y Medina las otras ciudades principales no pasaban de ser grandes aglomeraciones de gente que construían sus casas o ponían sus tiendas alrededor de un lugar de peregrinación e intercambios comerciales o de un oasis. Había también en ambas pero sobre todo en Medina otras comunidades formadas por judíos y por cristianos, principalmente caldeos, nestorianos y arianos. Las grandes tribus de origen ismaelita se dividían a su vez en tribus y clanes basados en vínculos de sangre. Uno de ellos que en el siglo VII disfrutaba de una situación privilegiada era el de los Coraix (Quraysh) que proclamaban ser descendientes de Abrahán y al cual pertenecía la familia del profeta. Es posible que el contacto con las dos precitadas comunidades haya despertado algún interés por el monoteísmo y suscitado inquietudes religiosas hasta entonces ignoradas.

Aunque la historia registra la existencia de varios reinos en la Arabia preislámica todos habían declinado o eran vasallos de algún imperio en tiempos de Mahoma. No subsistió organización política alguna que unificara la península. Tampoco había una lengua común aunque sí varios dialectos de índole similar que se ubicaban bajo el mismo sello de la cultura semítica. Sí era, en cambio, bien arraigada y compleja la estructura social que de alguna manera dio vida a una cierta aristocracia y a serios conflictos intertribales y también a choques entre clanes de una misma tribu.

En tiempos inmediatamente anteriores a Mahoma la economía comenzaba a vivir momentos de crisis. De una parte, el uso de la moneda, el dinar, reemplazaba a la precaria economía de subsistencia y trueques. De otra, buen número de beduinos habían contraído deudas con los comerciantes y las dificultades de su pago lastimaban su honor y afectaban el sentido de solidaridad del clan.

Los conflictos tribales, la discriminación de la mujer, el cautiverio de otros seres humanos y la convivencia con diferentes creencias, generaban sentimientos milenaristas y hacían propicia la aparición de un profeta. En tiempos de Mahoma existieron dos pseudo profetas llamados El Asurad y Mosailama.

## EL IMPULSO RELIGIOSO

Los terroristas del 11 de septiembre ya se sabe, eran musulmanes, es decir seguidores del Islam, esa religión nacida en esa Arabia del siglo VII de nuestra era que se acaba de describir. Islam significa sumisión y entrega a la voluntad de Dios. El Islam es una creencia monoteísta a ultranza que predica justicia y bondad al mismo tiempo que fomenta rencor y represalias. El monoteísmo islámico entraña no solamente el deber de adorar al Dios único sino también la entrega y sumisión total a ese Dios tal y como ello haya sido determinado por su profeta Mahoma. Aunque no se exprese en parte alguna de su teología, el Islam presenta una condición dualista en el sentido de aplicar principios que conducen al bien para unos y al mal para otros.

Vista con objetividad la religión fundada por Mahoma creó una cierta medida de orden y civilización en la sociedad árabe de su tiempo. Puede incluso decirse que el Islam significó un progreso para esa sociedad del siglo VII que era una comunidad idólatra, atrasada y cruel en la que, como se dijo antes, se consideraba una calamidad el nacimiento de una hija y se practicaba el infanticidio. Mahoma suprimió esas costumbres barbáricas, introdujo el monoteísmo y estableció recompensas para los que se comportaran justamente. Enseñó la virtud de la fe en Dios y predicó un mensaje de honestidad, honor, coraje, limpieza y moderada generosidad. Prohibió además la bebida, el juego y la usura y estableció reglas estrictas atinentes a la comida y al modo de vestir de las mujeres. Dije estrictas y debería decir exageradamente estrictas. Entre el shador y el burqa de una parte y las provocativas desnudeces de las playas del mundo occidental de otra debería haber un adecuado término medio.

El profeta proclamó un principio de igualdad que en teoría iba a beneficiar a las mujeres frente a los hombres y a los esclavos frente a sus dueños, si bien en ambos casos su prédica quedó corta como se verá más adelante. En el orden terrenal su religión contenía entre líneas una promesa de victorias, poder y grandeza para un pueblo que hasta entonces había sido infortunado.

## DE FIELES E INFIELES

El credo musulmán divide al género humano en dos grandes grupos: a un lado los fieles que forman la gran comunidad islámica llamada *umma*; al otro los infieles (Kafirs) que constituyen la *dimmi*, es decir la comunidad inferior, formada por súbditos no musulmanes. Para los primeros justicia, bondad y fraternidad; para los segundos, menosprecio, subordinación y negación de toda ayuda. En realidad, para los infieles el Islam prevé sólo tres destinos posibles: o bien se convierten y pasan a gozar de las mismas ventajas que los fieles, o bien resisten pacíficamente la conversión y se dejan subyugar (es decir devienen en ciudadanos de segunda) o bien rechazan enérgicamente la conversión y se exponen a la yihad o guerra santa y eventualmente a la muerte. Según esa misma teología los infieles «no serán recibidos por Dios y serán en el otro mundo del número de los desgraciados» (VI-110). Al musulmán muerto en el campo de batalla se le exalta a la categoría de *sahid* (mártir) y se le otorgan grandes privilegios. La religión ha albergado a su vez fieles tan dispares como los sufís o místicos y los hashiyin o asesinos.

¿Quiénes son esos desventurados infieles llamados en árabe kafirs a quienes tan crueles castigos les aguardan? *El Corán* los va señalando con minuciosa diligencia: los apóstatas y renegados en primer término, los también execrables idólatras y politeístas en segundo lugar, los rebeldes y bandidos en tercer lugar y luego aparece un cuarto grupo que *El Corán* se complace en identificar con la frase «las gentes de las Escrituras», es decir, judíos y cristianos. No incluidos en la lista del *Corán* pero igualmente perseguidos con saña, sobre todo en Irán, se hallan los pertenecientes a la minoritaria religión Bahai.

Tras identificar a sus enemigos, el autor de ese libro les endilga los peores epítetos: inmundos, hipócritas, criminales y malvados. A todos les afecta la misma inexorable condena: «la horrible mansión», «la maldita gehena», y ello no por ser intrínsecamente malvados o pecadores sino por su mera condición de infieles, por pertenecer a otra religión como son los judíos y cristianos. ¿Será que Alá, además de sus muchos atributos es «poderoso y vengativo» como dice el versículo 3 del sura III; o es que el Dios de los musulmanes mira sólo a sus servidores y a éstos les exhorta a que hagan la guerra a los infieles, les combatan y maten. Mahoma presenta en efecto a sus seguidores «dos hermosos destinos: la victoria o el martirio». Y les da instrucciones para la conducción de la guerra, «para los que se enlistan y para los que se eximen», «para los que tienen montura y para los que no la tienen».

Me anticipo a reconocer que hay varios versículos del *Corán* que insinúan una nota de respeto con respecto a los cristianos. El versículo 59 del sura II dice que los cristianos que creen en Dios y que hayan obrado bien recibirán una recompensa del Señor. Otro se refiere a esos hombres que se dicen cristianos «de los cuales se afirma que carecen de orgullo» y están más dispuestos a amar a los fieles» (V-85). Y cabe también citar al sura XXXIII dado en Medina el cual habla de un pacto contraído con los profetas y con Jesús, hijo de María (versículo 7), si bien este último probablemente se refiere a una alianza circunstancial convenida con grupos cristianos de esa ciudad. Como se verá más adelante *El Corán* tiene muchas contradicciones y éstas son simplemente algunas de ellas. ¿Acaso no llama ese Libro a los cristianos hipócritas (IX-69), embusteros (IX-30) perversos (LVII-27), falsificadores de las Escrituras (V-18), malvados (IX-47) y criminales (varios versículos).

El argumento más poderoso en contra de la interpretación pacífica de la *yihad* se halla en la doctrina misma de la abrogación. El Capítulo IX del *Corán* que es el más agresivo y violento («haced la guerra a aquellos hombres de las Escrituras que no profesan la creencia de la verdad») fue el último revelado por Mahoma, y es por tanto el que deroga cuantos posibles versículos apaciguadores figuren antes en *El Corán*.

## DEBATE SOBRE LA ORIGINALIDAD DEL ISLAM

Para los creyentes el Islam es una religión única, enteramente original. «el libro evidente» (XI-8), el libro dado a Mahoma «para la salvación de los hombres» (XXXIX-42). Fuera de esa grey, sin embargo, abundan los que piensan que una buena parte de esa teología se basa en principios provenientes de otras religiones. Del judaismo, por ejemplo, viene la creencia en el Dios único, la Ley del Talión («en la Ley del Talión está vuestra vida» (II-175) y partes del Antiguo Testamento. *El Corán*, añaden, tiene su antecedente en la *Tora* y la *Sharia* en el *Talmud*. La rama mística del Islam (el sufismo) de la que se hablará en el capítulo XI, guarda a su vez cierta conexión con la Cábala judía y muchos refranes del Hadiz con el Libro de los Proverbios. El carácter excluyente del Islam encuentra su antecedente en la noción hebrea de ser el pueblo escogido y de sostener que fuera de sus cánones no hay salvación. En el propio *Corán* es dable leer lo siguiente: «somos más bien de la religión de Abrahán, verdadero creyente» (II-129).

Del cristianismo heredó buena parte del Pentateuco, de los Salmos, y del Nuevo Testamento, la idea del Juicio Final y la vida futura, la creencia en los ángeles, la aceptación de las virtudes teologales y por supuesto también la creencia en el Dios único. También tiene sus antecedentes en la Biblia la inclinación al auxilio de los humildes. Sobre todo en los Salmos son frecuentes las referencias a los pobres, huérfanos y desvalidos así como las alusiones a la aflicción de los humildes y el gemido de los pobres. La ortodoxia islámica sostiene que la venida de Mahoma fue anunciada en esa parte del Evangelio de San Juan que se refiere al «Consolador llamado a estar con vosotros eternamente» (Juan 16-1). Las tres religiones se enlazan en el culto a Abrahán, tronco común de las religiones monoteístas.

El Islam retuvo también, en su apariencia, elementos de idolatría, incluyendo la veneración a la «piedra negra» o Kaaba, de fetichismo relacionados con la existencia de unos seres invisibles llamados yins *(djinns)* y de zoroastrismo representado por las creencias dualistas que aluden a un Dios bueno y un Dios malo. Los yinns o genios pertenecen originariamente a los mitos persas.

Es pues a la vista de lo anterior que algunos autores sostienen que el Islam ofrece características de un sincretismo muy especial en el que las otras religiones que aportan parte de sus creencias son después descalificadas.

## DEL MENOSPRECIO AL ENFRENTAMIENTO

Aunque las señales de enemistad hacia cristianos y judíos habían sido dichas ya en *El Corán*, la ejemplificación de lo que habrían de ser las relaciones del Islam con el mundo cristiano se hizo tangible poco después de la muerte del profeta. Es cierto que éste había preconizado la guerra santa contra el infiel pero intrincada en esa guerra estaba primero el desdén. En la teología de Mahoma los cristianos estaban destinados a formar parte de la ya citada *dimmi* o *dimma*, es decir de una comunidad inferior compuesta por gente manchada que viviría bajo la protección del Islam. Este destino corresponde a los cristianos sobrevivientes de la guerra santa (en caso de que ella se hubiere declarado) y a aquellos que optaron por no convertirse ni tampoco enfrentarse al Islam. Vivirían subyugados, pagando impuestos y absteniéndose de enfrascarse en una larga lista de actividades (portar armas, montar caballos, poseer esclavos, derribar edificios y testificar contra los musulmanes).

El origen de esta marginación data del llamado pacto hecho por el segundo califa Omar (Umar ibn al Khattab) con los cristianos de Nayrán en el año 641. Dicho pacto obligaba a los cristianos a no construir ni restaurar iglesias, monasterios o santuarios y a ofrecer en cambio alojamiento gratuito en las iglesias y comida por tres días a cualquier musulmán que lo solicitara. Los cristianos debían ceder el asiento a cualquier musulmán que lo pidiera, tenían que cortarse el pelo de la manera prescripta, usar ropas especiales en cualquier lugar que se hallaren, portar cinturones apropiados, abstenerse de erigir cruces en el exterior de sus iglesias y de rezar o persignarse en público, no repicar las campanas y no levantar la voz en presencia de musulmanes.

A partir de ese pacto que en realidad venía simplemente a consagrar una de las muchas manifestaciones que se derivan del menosprecio del Islam por los no musulmanes, la inferiorización de cristianos, judíos y demás creyentes se hizo una constante de la historia. Y conste que ninguna de estas prescripciones aplicables a los *dimmi* afecta o menoscaba los otros preceptos relacionados con la guerra que son parte integrante de la ley islámica y que están por encima de los pactos. Esa ley, como se verá en detalle en el capítulo siguiente, preconiza desde el comienzo mismo del *Corán* la inquina, el combate, la expulsión, la opresión, la guerra y hasta la conminación de matar al infiel (véanse sobre todo los versículos 186-191 del sura II). Y sépase que el islamismo se ha creído siempre libre de todo compromiso para con los pueblos de otra religión.

Frente al mundo cristiano el Islam nació no como un adversario potencial sino como un enemigo real que aspiraba a ejercer hegemonía en el mundo. Antes pues de que se entablara el duelo entre la cruz y la media luna el Islam quiso poner de manifiesto la verdadera naturaleza y alcance de sus intenciones.

## SUS ENFOQUES PECULIARES

Hechas esas acotaciones, el Islam es en el fondo un intento de modificación del cristianismo que buscaba facilitar la introducción de una nueva fe en tierras de Arabia. Mahoma procuró primero simplificar su teología despojándola de dogmas y misterios. Eliminó el pecado original, la necesidad de la redención y también la penitencia. Frente al misterio de la Trinidad proclamó la exaltación del Dios único. Frente a la doble naturaleza de Cristo redujo su condición a la de un simple apóstol o profeta. Y todo ello se hacía al tiempo que se describía al paraíso en los términos más vívidos y sensuales y se hacía constar que la condena del infierno podría no ser eterna, cosa que le añadía un atractivo importante.

Tal vez la mayor originalidad del Islam es haber querido resolver el problema de los pecados del sexo por medio de la poligamia y la vía rápida del divorcio representada por el repudio. La poligamia permitía tener hasta cuatro mujeres al mismo tiempo. El repudio permitía cambiar cualquiera de esas mujeres casi al instante.

El *Corán* proclama a Mahoma profeta y apóstol único y ello excluye cualquier otra dignidad o ministerio de jerarquía eclesiástica. Sí tiene líderes religiosos, comentaristas de textos coránicos y fundadores de escuelas de jurisprudencia. Sólo en la época de los califas y más tarde en el Imperio Otomano con el Gran Mufti de Estambul y en Irán con los Grandes Ayatolas se ha llegado a cierta categorización oficial de las más altas investiduras religiosas. Los islamitas veneran en cambio lugares sagrados como la Kaaba en la Meca (para todos los musulmanes) o Kerbala, Samarra y Najaf en Irak para los chiitas. La mezquita es simplemente el lugar designado para las oraciones; quien desde ella hace las llamadas para orar se llama *muecim* o *almuédano*.

Desde temprano el Islam tuvo además la visión de fomentar la enseñanza religiosa en la que se fueron formando sus futuros dirigentes. Adjunta a la mezquita o en lugar aparte están las madrasas o escuelas, las *hanzas* o centros de aprendizaje y los centros culturales. En la historia del Islam se recuerda a la escuela Nizamiya fundada en Bagdad en 1067 como una de las más famosas madrasas. En sus primeros tiempos la actividad educacional requirió del apoyo de los *warragin* o fotocopiadores humanos que eran capaces de copiar cientos de páginas en pocas horas. Hoy son capaces de insuflar fanatismo al punto de producir adeptos sinceros que pueden recitar de memoria los 6.200 versículos o aleyas del *Corán*. Y también de motivar a los 60.000 jóvenes que en la ciudad de Qom en Irán hoy estudian en los seminarios.

Al nivel de la enseñanza primaria no se prestó mucha atención al adiestramiento técnico pero sí al *Corán*, la tradición, el álgebra y la aritmética. El énfasis se puso en la educación universitaria de la que saldrían los personajes religiosos que más adelante se mencionan. Hoy día se considera que el más renombrado centro de estudios islámicos es la universidad Al Azhar en El Cairo. Del campo religioso la enseñanza se extendió a la filosofía, la astronomía, la arquitectura y la medicina. Significativamente, muchas escuelas incluían también en sus programas el adoctrinamiento fundamentalista y la enseñanza militar orientada hacia la viabilidad de la *yihad* o guerra santa. Fue la madrasa Dar Al Islam de Pakistán la que formó el grupo de alumnos afganos que habrían de llamarse los Talibanes.

Hay otra característica del Islam que es necesario destacar desde el comienzo. A diferencia de otras religiones que han sabido deslindar su naturaleza espiritual y moral de la función de gobierno, el Islam aspira a fusionar ambos campos en un Estado Teocrático similar al que existió en tiempos de Mahoma y los primeros califas. En vez del «dar al César lo que es del César y a Dios lo que es de Dios», los musulmanes optaron por un ente único que asumía poderes terrenales y facultades relativas a los asuntos de Dios. Teología y política quedaban inextricablemente unidos como sucede hoy en Irán y hasta 2002 con los Talibanes de Afganistán. Para el Islam la soberanía no reside en el pueblo sino en Alá. Los musulmanes aspiran a eliminar la dimensión laica de la sociedad contemporánea y a constituir en su lugar otra enteramente religiosa, es decir islámica; si ese ideal no pudiera materializarse visualizan un mundo dual formado por una mayoritaria comunidad (*umma*) islámica y una *djimmi* o *dimma* (agrupación de no creyentes) subyugada.

Esa alianza de la influencia religiosa con el poder del Estado conduce al totalitarismo y aumenta el peligro del Islam. Más aún si se tiene presente que ese es el modelo de Estado que se proyecta implantar en todo el universo. Aunque parezca increíble la meta última de los musulmanes es la instauración del califato global, la *umma* mundial.

## LOS TEXTOS BÁSICOS

El Islam tiene también por supuesto su cuota de dogmas propios contenidos en tres textos fundamentales: El *Corán*, el *Hadiz* (Hadith), y la *Sharia*, los cuales forman un conjunto voluminoso que los exégetas han compilado en gruesos textos.

Para los islamitas *El Corán* (literalmente la recitación) es la palabra de Dios tal como ella fue revelada a Mahoma por conducto del arcángel Gabriel. Es pues para ellos un libro sagrado que contiene los artículos de fe, los dogmas relativos a la divinidad y las normas para el buen comportamiento individual y el ordenamiento de la vida social. En él se incluye lo que pudiera llamarse el credo de esa religión así como la especificación de los deberes del creyente, los que se denominan cinco pilares de la fe islámica. En *El Corán* se halla por supuesto plasmada la creencia básica del Islam: «No hay más Dios que Alá y Mahoma es su profeta». Aunque dicho libro, como se verá más adelante, pretende ser también un código omnicomprensivo, en realidad tiene muchos vacíos jurídicos que son colmados por el *Hadiz* y la *Sharia*. Debería agregarse que *El Corán* es casi íntegramente aceptado por todas las sectas del Islam.

El *Hadiz* es una compilación de los hechos, dichos y silencios del profeta y de algunos de sus compañeros de los primeros tiempos. De cierto modo es una recopilación de la *sunna*, es decir de las tradiciones islámicas. La primera recopilación se realizó en vida del profeta y se titula *Saadigah*. Otra más completa se comenzó a hacer en el siglo VIII a petición y bajo la supervisión de la dinastía Abáside. Para que un relato semejante sea incluido en el *Hadiz* se supone que haya sido corroborado por los narradores que forman la cadena humana de trasmisión verbal o escrita que va desde nuestros días hasta la época en que vivió el profeta. Es probable no obstante que se hayan hecho interpolaciones.

En el *Hadiz* se registran pues los detalles de la revelación y de la historia primitiva del Islam. Sus raíces se hunden en el tiempo hasta la primera generación de musulmanes piadosos que se presume dejaron constancia escrita o verbal de sus vivencias y recuerdos. El problema radica en la proliferación de hadices falsos inventados en algún punto de la cadena de trasmisión. Tan real es este peligro que cuando en el siglo IX un sabio llamado Bujari recibió el encargo de depurar el *Hadiz* se encontró con la existencia de 600.000 proverbios (hadices o alhadices). Un solo discípulo del profeta, Abu Kuraira, afirmaba recordar 5.300 alhadices. El sabio se entregó con tesón a la tarea de eliminar los espúrios o repetidos y retener sólo los auténticos, cosa que dio lugar a que se retuvieran sólo 7.275 alhadices. Mas el número volvió a crecer después de tal modo que ya en el siglo XV el *Hadiz* llenaba 17 volúmenes. Cabe suponer en esas condiciones que lo que algunos autores llaman la inflación de menciones inexactas haya continuado.

El otro problema del *Hadiz* se relaciona con el número elevado de referencias triviales que contiene. Hasta como sonarse la nariz, como usar los zapatos, como entrar en casa ajena, como orinar y como peinarse figuran entre las reglas del texto en cuestión. Extraña religión esa que incluye preceptos sobre cosas banales y se ocupa de prescribir que ellas se hagan como las hizo otro hombre hace muchos siglos. Lo antes dicho explica porqué no todas las sectas aceptan la misma versión del *Hadiz*; hay diferencias substanciales en la tradición y no puede hablarse de cánones absolutos que se deriven del *Hadiz*. En realidad hay varias colecciones de la tradición islámica y lo que antes se presentaba como un consenso hoy se cuestiona por algunos reformadores del Islam. Existen incluso grupos islamitas que rechazan la *sunna* y afirman que la única fuente del derecho es *El Corán*.

La *Sharia* constituye la plasmación en normas de derecho de las doctrinas y creencias contenidas en *El Corán* y el *Hadiz*. También incorpora lo que constituye la interpretación unánimamente aceptada o derivada de razonamientos lógicos y analógicos de los preceptos del *Corán*. La palabra *sharia* significa camino o sendero. Dado que además de las varias compilaciones del *Hadiz* que la mayoría de los musulmanes consideran genuinas, existen otras que pretenden también ser auténticas, se comprenderá porqué cualquier posible implantación de la *Sharia* haya dado lugar a serias controversias teológicas y jurídicas. Ya en el siglo XII grandes figuras del mundo árabe como Averroes desarrollaron creencias filosóficas racionales que chocaban con dogmas del *Corán* y prácticas del *Hadiz*.

Lo más grave de la *Sharia* es que siendo un texto de índole sociopolítica es al mismo tiempo un código penal y una suerte de ley suprema que se considera infalible y a la que deben someterse todas las demás. Y es en tal sentido que la *Sharia* sólo podría regir a plenitud en un Estado teocrático. Cuando en fecha reciente insurgentes islámicos tomaron Mogadishio, la capital de Somalia, uno de sus primeros actos fue implantar la *Sharia*. *El Corán* y la *Sharia* dejan de tener entonces sólo un valor espiritual y pasan a ser fuentes de derecho dotadas de efectos coercitivos.

Es en la *Sharia* donde se considera la blasfemia como ofensa capital y se prescribe la pena de muerte por el delito de apostasía y es en esa misma *Sharia* donde se dispone que al ladrón se le amputará la mano derecha por la primera ofensa y la pierna izquierda por su segunda falta. En países donde rige la *Sharia* se llega al extremo de estimar que existe robo cuando se recogen objetos perdidos o cuando una mujer deja de devolver objetos prestados. Cualquier sustracción de una cosa que valga un cuarto de denario o más es pasible del castigo previsto.

La multiplicidad de preceptos contenida en los textos básicos antes mencionados ha dado lugar a contradicciones, dudas e interpretaciones diversas. Los juristas islámicos han procurado superar esos problemas utilizando dos técnicas de interpretación harto conocidas en Occidente: la doctrina de la abrogación (la norma posterior deroga la anterior) y la analogía, es decir, discernir el significado de la norma en cuestión por medio del sentido dado a disposiciones semejantes.

## LOS PERSONAJES RELIGIOSOS

El elenco de personajes religiosos del Islam es relativamente numeroso y muy distinto al cristiano. En la secta sunita, por ejemplo, no hay una clerecía propiamente dicha pero sí abundan los exégetas y las dignidades político religiosas. Se destaca ante todo el califa, jefe máximo y autoridad suprema político-religiosa. Literalmente significa sucesor (de Mahoma); en *El Corán* se le da la acepción de vicario o delegado. Ocupa el punto más alto de la jerarquía terrenal islámica si bien sus poderes reales fluctuaron según las aptitudes de las personas que ostentaron esa investidura. En la época del Imperio Otomano el título de califa se añadió al de sultán desde tiempos de Selim I. En 1924 Kemal Ataturk abolió la institución del califato y poco después una conferencia celebrada en El Cairo dejó sin efecto la dimensión internacional del término.

Al califa le seguía en la jerarquía islámica el emir o príncipe cuyo poder religioso podía ser general o regional. En ausencia de un califa, el emir podía llevar el título de Comandante de los Fieles agraciado con «el don de la dirección y el atributo de la virtud». Córdoba, por ejemplo, fue un emirato sujeto al califato de Damasco antes de convertirse en califato independiente. Al presente existen los Emiratos Árabes que constituyen un país independiente pero esa denominación ha perdido relevancia en otros países.

En el orden estrictamente religioso las dos figuras más importantes son el *imán* figura modélica digna de la más alta veneración y el *ulema* que a juicio de algunos autores es uno de los protagonistas centrales de la historia del Islam. El *imán* constituye una referencia histórica de primera magnitud sobre todo para la secta chiita que atesora el recuerdo del Duodécimo Imán o Mahdi que desde hace siglos está oculto pero que habrá de reaparecer para salvar al mundo. En su sentido gramatical, el nombre significa «el que tiene creencia o fe»; y también «el que está delante», sin embargo, para los chiitas es mucho más que eso: es un eslabón clave en la cadena de la legitimidad islámica, una suerte de guía ínfalible de la comunidad.

A diferencia del *imán*, el *ulema* es un personaje de todos los tiempos y de particular importancia en la actualidad. Literalmente *ulema* significa «el que sabe», el que es «conocedor» de las cosas de Dios y está bien versado en lo revelado al profeta. En un nivel más terrenal y tangible los *ulemas* son los depositarios del saber y como tales han sido los encargados de preservar la autenticidad, custodiar e interpretar las leyes islámicas. Tan importante es esa tarea que en opinión de algunos teólogos los *ulemas* son «el estamento religioso más representativo del Islam en la hora presente».

Semejantes en sus funciones al *ulema*, están los *muftis*, especie de jurisconsultos investidos de autoridad pública y con poder para emitir *fatwas*. De menor envergadura son los *alfaquíes*, también expertos en jurisprudencia islámica *(fiqh)*. El carácter un tanto complejo de la ley islámica origina la necesidad de asignar a personas de reconocida prudencia y sabiduría la misión de interpretar y decidir problemas legales. Una misma función ha pues generado tres distintos personajes.

La palabra *muyahidín* no tiene estricto sentido religioso y simplemente alude al combatiente que se enrola en las guerras del Islam. Sheik *(Shaikh)* tiene, en cambio dos significados, uno como jefe o patriarca de un clan o población y otro como funcionario eclesiástico.

De índole distinta y de presencia limitada a ciertas sectas turcomanas que combinan prácticas místicas y esotéricas son los *derviches*, especie de monjes que conocen los secretos del culto y observan votos de pobreza y castidad. Sus acciones religiosas alcanzan cierta extravagancia con los gestos y gritos que caracterizan el ceremonial de esa agrupación. También propio del Imperio Otomano es obligado mencionar la figura del *visir* que era un ministro de primera fila (a veces Primer Ministro) en la corte del sultán pero que sólo indirectamente se ocupaba de la religión.

Lo más parecido a un sacerdocio en términos de vocación, observancia y dedicación se encuentra en la secta chiita de la actual teocracia de Irán en la que hay toda una jerarquía de *ayatolas* y *grandes ayatolas* consagrados al servicio de Dios. Son hombres ungidos y ordenados para el desempeño de un ministerio que ellos estiman elevado y noble. No hacen, sin embargo, los mismos votos que los sacerdotes cristianos, reciben la ayuda de unos simples conocedores de los preceptos religiosos y de la liturgia que son los *mullas* y están encargados de dirigir la política del país. El título de *Gran ayatola* no es exclusivo de Irán pues también en Irak lo ostenta Ali Sistani, líder de la comunidad chiita del país. Los dos grandes centros de formación teológica de los *ayatolas* son Quom en Irán y Nayaf o Najab en Irak.

# CAPÍTULO IV

# CONSAGRACIÓN DE LA HOSTILIDAD

## EL ISLAM COMO ADVERSARIO

Pasado el horror y la consternación por el desastre del World Trade Center vino un sentimiento de estupor. ¿Cómo es posible que en la época de lo racional y la alta tecnología, de la informática y las comunicaciones por satélite, de las transferencias electrónicas, la clonación y los aviones supersónicos vengan unos fanáticos del fundamentalismo islámico a asesinar a miles de seres humanos inocentes en nombre de un profeta y un libro del siglo VII? ¿Cómo puede concebirse que se invoque una religión para cometer un crimen tan atroz?

La razón es sencilla. En la base de la religión islámica yace un principio crudo y tajante: «Dios clemente y misericordioso ama a sus fieles pero no ama a los infieles» (cap. III, vers. 29); aun más los odia (II-92). A partir de esos preceptos el Libro Divino que su profeta concibió o trasmitió reserva sus reglas de amor y benevolencia para sus creyentes y dirige sus pautas de aborrecimiento y castigo para los no creyentes. El Dios que según la fe cristiana ama a todos los seres humanos como criaturas suyas que son, se hace selectivo en *El Corán* y llega a tornarse vengativo e inclemente contra quienes no están en la senda recta.

A través de la historia en sus enfrentamientos con otras religiones (y no sólo con la cristiana) los fundamentalistas han hecho uso de una interpretación militante y violenta de su religión que les llevó al saqueo, la destrucción y la masacre. El imperativo de enfrascarse en el combate y luchar con denuedo está plasmado en El Corán: «Todo el que vuelve la espalda en el día del combate..... será herido por la ira de Dios; su morada será el infierno, ¡qué horrible mansión!» (VIII-16). Ciudades enteras han sido pasadas a cuchillo. Miles y miles de personas incluyendo mujeres y niños han sido esclavizados. Fuentes de riqueza y centros culturales han sido arrasados y hasta símbolos de las otras religiones han sido aniquilados como ocurrió en Afganistán con la gran imagen de Buda hecha polvo por los Talibanes en 2001.

La inclinación a destruir o suplantar vestigios de otras religiones tiene viejas raíces. Cuando el califa Omar tomó Jerusalén en 638 procedió de inmediato a construir una mezquita en el lugar que ocupaba el antiguo Templo de Salomon.

Hacia el año 1009 el califa del Cairo al-Hakim dispuso la destrucción de los templos cristianos de Jerusalén incluyendo la *Iglesia del Santo Sepulcro*. En1453 cuando Constantinopla cayó en poder de los musulmanes, éstos procedieron a transformar el famoso templo *Hagía Sofía* (cuya construcción la había iniciado el emperador cristiano Justiniano) en una mezquita, eliminando antes imágenes y símbolos de la cristiandad. Es verdad que también los católicos que recuperaron en el siglo XIII la ciudad de Córdoba construyeron una iglesia dentro de su famosa mezquita pero las circunstancias fueron distintas como se verá más adelante.

Es cierto que los guerreros cristianos han cometido a veces iguales barbaridades que los musulmanes. La gran diferencia estriba en que los cristianos lo hacían en contra de lo prescripto por su religión en tanto que los musulmanes lo hacen en cumplimiento de lo dispuesto por Mahoma y *El Corán*. Los cristianos culpables se habían apartado de las enseñanzas de Cristo. Los musulmanes no han hecho más que seguir lo ordenado por Mahoma.

La intención de esos 19 musulmanes culpables del genocidio del 2001 se ajustaba a lo que predica su religión, a lo que prescriben sus escrituras y se enseña en las madrasas. Se hallaba además en perfecta armonía con una historia que, como veremos más tarde, registra incontables enfrentamientos entre cristianos y musulmanes. De hecho ya en el año 641 D.C. pocos años después de la muerte del profeta, el califa Omar decretó la expulsión de Arabia de cristianos y judíos. «No dejaremos que haya dos religiones en Arabia» había dicho Mahoma en su lecho de muerte. No hay que olvidar que la *yihad*, la lucha contra el infiel, se considera un deber personal de todo musulmán. Ni soslayar el deleite con que el autor intelectual del once de septiembre relataba a Al Zawahiri el ataque al WTC.

Junto a esos incidentes de la guerra santa están los enfrentamientos de sectas rivales pertenecientes a esa misma religión islámica. Tan persistentes y sangrientos han sido estos choques que son muchos los que en la actualidad piensan que la lucha es un fenómeno endógeno connatural al Islam.

## ESPACIO Y VIOLENCIA EN LOS ORÍGENES DEL ISLAM

El Islam fue en su origen una religión concebida para el pueblo árabe. Sus textos básicos fueron escritos en árabe, lengua semítica en nada parecida a las indoeuropeas. Tan distinto es el árabe que en sus primeros tiempos(y todavía en algunos países) no se escribía más que con las consonantes, y las vocales se suplían al leer. Muchas de las prescripciones, correcciones y recomendaciones del *Corán* atañen a circunstancias propias del pueblo árabe. Aunque Mahoma lo escogió como nación intermediaria que serviría de testigo para todos los hombres (II-137), el mismo profeta no tuvo reparos en calificar también a «los árabes del desierto» como gente de poco fiar (IX-98).

Hay también sabor local en otras expresiones del *Corán* como por ejemplo, las que se refieren a «las dos villas» (Meca y Medina), a fábulas y tradiciones lugareñas, a ídolos adorados por los árabes, a personajes célebres como Lokman, a la constante mención de los camellos, a los árabes nómadas y a los *ansares* (naturales de Medina) y *mohadjer* (emigrantes de La Meca).

También eran gente acostumbrada a guerrear y que por tanto se encontró a gusto en una religión combativa y militante. Al creyente se le describe en más de un capítulo del *Corán* como un hombre que reza, toma las armas y está dispuesto a morir en el sendero de Alá. «No mostréis cobardía y no llaméis a los infieles a la paz cuando sois los más fuertes» dice un versículo del capítulo XLVII. Aun para los que *El Corán* llama «gentes del Libro» el versículo 30 del capítulo IX anuncia una postura hostil, los asimila a los infieles y pide a Dios que les haga la guerra. Hay en la literatura árabe un verso de Ziya Gokalb que dice «las mezquitas son nuestros cuarteles, los minaretes nuestras bayonetas y los fieles nuestros soldados».

Al Islam lo atraviesa una veta de violencia, machismo y guerrerismo que refleja sus luchas primigenias y la idiosincracia de sus primeros adeptos. Las palabras expiación, venganza, suplicios, tormentos, castigos dolorosos, sollozos y penas crueles abundan en *El Corán*. La pena de muerte, incluyendo la muerte por lapidación, se dispensa con generosidad. Los propios títulos de algunos «suras» o capítulos son también elocuentes: el botín, el trueno, las tropas, la victoria, los mártires, el orden de batalla y el imperio.

Los primeros creyentes del Islam tuvieron además en el profeta un paradigma a seguir. Mahoma fue no sólo un profeta sino también un guerrero que luchó con empeño y dedicación en las batallas que sus seguidores de Medina libraron contra los habitantes de la Meca. Vencedor en esas contiendas, Mahoma dejó a su muerte en el año 632 un legado beligerante que sus seguidores se encargarían de mantener e intensificar. No fue casualidad que los primeros califas (sucesores) se autodesignaban también como «comandantes de los fieles». El segundo califa Omar unificó con las armas en la mano la península arábica e inició con éxito las guerras de expansión. En los cien años que siguen a la muerte de Mahoma el Islam extendió sus fronteras más allá de toda expectativa.

El credo islámico ha sido pues desde sus comienzos una religión poco tolerante y avocada a propagarse. Creció primero a remolque de la ocupación militar y política de los pueblos que los ejércitos islámicos fueron conquistando. Esa expansión produjo el doble efecto de arabizar e islamizar a muchas de las naciones vencidas. Egipto, no obstante su cultura milenaria, fue una de las primeras en experimentar ese doble efecto.

Aunque en otros países ha sido también la influencia de sus textos fundamentales lo que ha contribuido a su expansión, el Islam no ha olvidado nunca sus aspectos beligerantes, agresivos y excluyentes. Al lado de un impulso cultural y religioso que tiende a ocupar los espacios vacíos que otras religiones no han podido llenar el Islam no ha dejado de cultivar la aversión al infiel y el culto a la espada, «Combatid a los infieles que os rodean» (IX-124) dice *El Corán* dirigiéndose a los creyentes.

Que diferentes son estas expresiones de las palabras que en su día pronunciara el profeta Isaías: «Dios será el árbitro de las naciones y el juez de pueblos numerosos. De las espadas forjarán arados y de las lanzas podaderas; ya no alzará la espada pueblo contra pueblo, ya no se adiestrarán para la guerra. Caminemos a la luz del Señor» (Isaías 2: 1-5).

La retórica de odio que atraviesa el Islam originó dos fenómenos de envergadura: los enfrentamientos brutales contra cuantos infieles cercanos a su redil rehusaban convertirse al Islam y las no menos ardorosas contiendas entre sus mismas sectas principales. La mayor o menor brutalidad de la lucha contra el infiel depende del lugar que el grupo en cuestión ocupe en la lista de enemigos del profeta. Antaño fueron los idólatras, los apóstatas y los renegados los que aparecían a la cabeza de todas las listas. Mas hoy día los idólatras han desaparecido casi totalmente y la apostasía se reduce a casos aislados de individuos o grupos. El odio y la brutalidad han podido así concentrarse en los que figuran a seguidas en el elenco de los odiados infieles, es decir contra judíos y cristianos.

La otra manifestación del odio empotrada en el cuerpo mismo del Islam está escenificándose ahora en la feroz contienda entre sunitas y chiitas en Irak y otros países. Se baten en el fondo por asegurarse la hegemonía del mundo islámico en el Cercano Oriente. La que era una región predominantemente sunita arrostra ahora el creciente poderío de Irán. Se trata de una reedición de la antigua rivalidad entre árabes y persas y una renovación de las antiguas disputas por la sucesión del profeta. Se destruyen los lugares sagrados de una y otra secta, como Kerbala, Samarra y Nayaf, se resucitan polémicas sobre cuestiones doctrinales o litúrgicas, se ultrajan las ceremonias religiosas y se causan increíbles masacres. Aun dentro de una misma secta se enfrentan grupos rivales como sucede hoy en el campo chiita entre las milicias de Moqtada al Sadr, el Gobierno de Irak y la Brigada Badr. En Palestina se baten con furia Fatah y Hamas. En el Líbano son Hizbolá y los grupos sunitas los que se contraponen. Las luchas por el liderazgo causan también asesinatos, desde el de tres de los cuatro primeros califas hasta el de Abdula Azzam, el mentor de bin Laden, ocurrido en 1989.

Así se fueron formando los elementos que integran el trasfondo de la prédica de Mahoma. Con ingredientes de rencor se formularon las imprecaciones del *Corán*, con apelaciones a la espada se desarrollaron las tendencias expansionistas, con fermentos de violencia se polarizaron las relaciones con otras religiones. La moderación y la cordura estarían ausentes de una gran parte de su historia.

## TIEMPO Y AÑORANZA EN LA VIDA DEL ISLAM

El Islam presenta asimismo grandes anacronismos. Que a 1400 años de distancia se esté aún discutiendo si Aisha (esposa de Mahoma) extraviada en el desierto fue o no infiel al profeta, añade sabores anacrónicos a su elenco de características. El mundo cambió pero las sentencias del profeta siguen siendo inmutables. ¿Qué tienen que ver los hombres y mujeres de hoy con los viajeros del desierto tantas veces mencionados en *El Corán*? ¿Qué relación existe entre el respeto a los derechos humanos y los castigos que consisten en atravesar los ojos con brasas de fuego ardiente? ¿Qué razón existe para aplicar a las generaciones educadas de hoy los preceptos que un profeta iletrado formuló para hombres iletrados de hace muchos siglos?

A la religión islámica (y a la cultura que a su alrededor se ha desarrollado) se le atribuye también un énfasis excesivo en lo que algunos llaman la vuelta al pasado, su férreo apego a la tradición y su resistencia a la modernización. Mil años después de que ocurrieran las Cruzadas aún siguen llamando cruzados a los cristianos de hoy. Quinientos años después de haber sido expulsados de España, aún insisten en reclamar Al Andalús como pertenencia suya. Es esa nostalgia de su época gloriosa, coincidente con la decadencia que experimentó Europa en la Edad Media, la que explica su búsqueda en el pasado del progreso y avance tecnológico que les falta en el presente. La vuelta al velo o la burqa, la marginación de la mujer, el Estado Teocrático de los talibanes y de Irán son sólo las señales más ostensibles de ese viaje sin retorno a la época de Mahoma que está en la esencia del Islam. En realidad, lo que el Islam ha pretendido es desandar el camino de progreso y bienestar humano recorrido en los últimos siglos por el mundo occidental y cristiano. En lugar de esa modernización se empecinan en una visión anquilosada del mundo, incapaz de dar respuesta a los retos de la vida contemporánea.

Las repercusiones que toda esa saga pudiera tener en el mundo actual se hicieron terriblemente dramáticas con las dos nuevas armas utilizadas por los musulmanes en estos últimos años: las armas de destrucción masiva y el atacante suicida. Por más de mil años la teología islámica había aparentemente condenado el asesinato de seres inocentes y prohibido especialmente la muerte de mujeres y niños. Esa postura cambió cuando en 1983 los palestinos iniciaron en la *intifada* la práctica del atacante suicida y unos años después los sunitas wahhabis valiéndose de aviones asesinaron a miles de inocentes en New York. Estas extralimitaciones se explican por algunos fanáticos diciendo que «la necesidad hace permisible lo prohibido».

## DE PRINCIPIOS BÉLICOS Y CASTIGOS

Son muchas las normas que imprimen al Islam lo que algunos autores llaman su carácter agresivo y excluyente. No ya versículos dispersos sino capítulo enteros del *Corán* como el IX, La Inmunidad, o el XLVIII, La Victoria, son llamados fervientes a la guerra contra el infiel. Se perciben fragores de combate y se recrimina a los que quedan atrás. Tan belicosos son esos pasajes que son también numerosos los exégetas del *Corán* que hablan de un derecho de guerra musulmán. Se trata desde luego de la guerra contra los infieles. Para la guerra entre naciones de creyentes musulmanes Mahoma preconiza la reconciliación pero si ésta no se logra les conmina a combatir contra la que procedió «injustamente» (XLIX- 9).

La gran guerra, la guerra santa o *yihad*, es la que se libra contra el infiel. Es una guerra que sólo puede concluir con la sumisión del infiel, que no repara en los medios que se utilicen y que puede declararse hasta en el mes sagrado del Ramadán. Es una guerra sin tregua ni moderación, a la que son llamados todos los fieles como se declara expresamente en docenas de versículos del *Corán*. Tómese, por ejemplo, el número 187 del sura II y se podrá leer la siguiente orden dirigida contra los infieles: «Matadles donde quiera que los halléis». O los versículos 8, 111 y 112 del sura siguiente en los que se dice que los infieles serán alimento del fuego y permanecerán en él eternamente. O el que en ese mismo sura fulmina a los kafirs diciendo: «Morid en medio de vuestra ira» (III-115). O los números 49 y 159 del propio sura que les condena a «penas crueles» y «dolorosos castigos».

Particularmente hostil es el sura IX que exhorta al combate contra los infieles y conmina a los creyentes a hacer la guerra «contra aquellos hombres de las Escrituras que no profesen la creencia en la verdad» (vers. 14 y 29). Y lo es aún más el versículo 4 del sura XLVII que reza así: «Cuando encontréis infieles matadles hasta hacer con ellos una carnicería y estrechad fuertemente las trabas de los cautivos».

Ninguno de estos versículos ni ninguno de los similares (que en aras de la brevedad no se citan) ha sido abrogado. Y conste que según *El Corán* «esa enemistad y ese odio deben durar hasta el día de la resurrección» (V-17). Es una postura terminante que se haya corroborada por los numerosos dichos amenazantes contenidos en el *Hadiz*.

Los fundamentalistas islámicos que al amparo de esos preceptos realizaron la hecatombe del 11 de septiembre quisieron de paso hacer buena la profecía de San Juan: «Y cayó del cielo una gran estrella ardiendo como una tea y los cadáveres de la gran ciudad yacerán en las plazas» (Apocalipsis 11-8).

El desdén es tal que *El Corán* se opone incluso a que los creyentes tomen por amigos o aliados a infieles y si lo hicieren no deben esperar nada de parte de Dios. Y para aquellos que sean infieles manifiestos la orden del *Corán* no podía ser más perentoria: «cogedles y condenadles a muerte» (IV-91 y 93).

## ELENCO DE VICTIMARIOS

Aunque 15 de los 19 autores del atentado del 2001 eran ciudadanos de Arabia Saudita y todos eran sunitas no sería correcto implicar al gobierno de esa nación como responsable del hecho. Fue la religión de

Mahoma la que en última instancia motivó lo acontecido. Los musulmanes no se identifican ni actúan en nombre de una nación sino de una religión subdividida en naciones. Ellos son los seguidores y correligionarios de Mahoma quien declaró en sus enseñanzas que sería «terrible con los infieles» (XLIX-20). No sería impropio recordar no obstante que la bandera de Arabia Saudita lleva una espada junto a la inscripción del credo musulmán, y tener también en cuenta que ese país es el que más mezquitas y madrasas construye por todo el mundo. Bin Laden fue también hasta 1994 ciudadano de Arabia Saudita.

No es fácil adentrarse en las complejidades psíquicas de quienes gustan transitar por los senderos de lo irracional. Habría que dar un gran salto en la historia, un salto de muchos siglos, parecido al que dan los musulmanes cuando creen que insultan a los cristianos de hoy llamándoles cruzados. Son gente que se refocila recordando sucesos de hace 900 ó 1.000 años e interpretando literalmente un libro aún más viejo. Son inagotables creadores de pasado.

Hurgan en la historia, revisan la lista de enfrentamientos que han tenido con los cristianos y encuentran que en los últimos tiempos, tal vez, desde el fracasado asedio a Viena en 1683, no les ha ido muy bien. No olvidan los años en que sus países sufrieron la humillación de ser colonias o protectorados de países europeos y la acumulación de esos rencores se une a su fanatismo religioso para dar lugar al bestial ataque que daría inicio a un nuevo ciclo de enfrentamientos.

Sin embargo, para hacer viable ese choque, para enfrentar al mundo occidental hacía falta disponer de grandes recursos económicos y de una fuerte motivación capaz de elevar a los militantes hasta el sacrificio de sus propias vidas. Ambas cosas fueron suministradas por Arabia Saudita y los países árabes vecinos: el dinero vino de su petróleo, la militancia del movimiento fundamentalista wahhabi nacido dos siglos antes en ese mismo país.

## EL EFECTO WAHHABI

Las prédicas agresivas de Mahoma fueron en efecto fortalecidas por el movimiento wahhabi nacido en Arabia a mediados del siglo XVIII. Su fundador Mahoma bin Abul al Wahhab (1703-1792) preconizaba el regreso al Islam puro y originario, el rechazo a la modernización y la sustitución de las tendencias moderadas y reformistas por enfoques dogmáticos de mayor militancia. En el wahhabismo no hay espacio para el empleo de la razón. Su fundador escribió un libro llamado en inglés *The Book of Unity* e hizo hincapié en particular en la necesidad de una cruzada contra los infieles y la fusión de la iglesia y el Estado. El movimiento cobró fuerza, engendró muchos fanáticos y llegó a constituir un remedo de imperio que desapareció a principios del siglo XIX. Sin embargo, una alianza de los grandes muftis y herederos del wahhabismo con el clan Saudí en el siglo XX hizo renacer la secta. Subsistió también el fanatismo que abogaba por un endurecimiento de la lucha contra los kafirs y mencionaba entre los métodos a seguir la quema de libros y el ataque de cuantas personas observaran una conducta contraria al texto del *Corán*. En los países que lo adoptaron se azotaba a los que no iban el viernes a la mezquita así como a las mujeres que eran vistas con un hombre que no fuera familiar suyo. En Arabia Saudita trabaja una policía religiosa, la Muttawa, que vigila el comportamiento de los habitantes de ese país. Dicha policía forma parte de la Comisión para el Fomento de la Virtud y Prevención del Vicio, organismo paraestatal que cuenta con 20.000 agentes y está encargada de establecer las normas del comportamiento social y vigilar toda conducta pública contraria a ellas. Incluye también una milicia islámica, los *mutaween*, que no perciben salarios pero gozan de impunidad; sus miembros se dejan crecer la barba, usan turbantes llamativos y tienen la misión de hacer valer la segregación de los sexos en lugares públicos. La Comisión fue fundada en 1926 en conexión con la fe puritana del wahhabismo. Parecida organización de vigilantes musulmanes existe en los Estados del norte de Nigeria donde actúa la temible *Hisbah*. Del lado chiita existe en Irán una Comisión similar al tiempo que despliegan su fanatismo los Guardianes de la Revolución.

 Con dineros de países afines al credo wahhabi (sobre todo de Arabia Saudita) surgen ahora por todas partes, mezquitas, madrasas y centros culturales. Aunque la madrasas son en principio centros de estudios teológicos, lo cierto es que se han dejado infiltrar por elementos radicales y en la actualidad muchas son exponentes del fundamentalismo. Dichas escuelas funcionan libremente en la mayoría de los países sin la menor supervisión del Estado. Son asimismo libres los centros culturales construidos en muchas ciudades de Occidente.

La rama wahhabi del Islam exuda violencia, guerras, asaltos, torturas, mutilaciones y otras violencias que la han acompañado a lo largo de la historia. Los preceptos del Islam wahhabi forman un código de conducta rígido e inclinado al adoctrinamiento intensivo o forzoso. Otras ramas del Islam combinan el militantismo contra el infiel con el automaltrato con azotes. Ello no significa sin embargo que las preferencias de unos sean excluidas de la práctica de los otros. La violencia y la costumbre de obrar con ímpetu e intenciones hostiles no son ajenas al arsenal de los mahometanos.

Tal vez esto explique el porqué la llamada ala moderada del Islam jamás ha condenado de manera enérgica e inequívoca los atentados terroristas de estos últimos 25 años. Jamás se ha empeñado en una verdadera autocrítica. No se asocian con los terroristas pero en momento alguno dicen que es un crimen y una salvajada la masacre de inocentes. O si formulan críticas lo hacen en voz baja y muy tímidamente. Anclados en épocas pasadas siguen llamando cruzados a los cristianos y puercos o marranos a los judíos. Y se ofenden y se lanzan a la calle por la más mínima insinuación de ultraje al profeta. Ulemas y ayatolas se abstienen de criticar a los fanáticos por la sencilla razón de que ellos comparten el mismo credo, un credo que rechaza la coexistencia pacífica y amistosa con el mundo cristiano. Cualquier apacible y piadoso musulmán que haya leído bien *El Corán* lleva en sí el germen de un enemigo de los infieles. En su carácter de misionero de Alá y seguidor de Mahoma el musulmán es también un férvido combatiente que se bate en el llamado sendero de Dios.

El islamismo político- religioso de nuestros días en el que convergen el fundamentalismo wahhabi con el salafismo puritánico y el militantismo chiita se ha enfrascado en el propósito de hacer renacer un Islam poderoso y de ambiciones hegemónicas. Usan el terror, matan inocentes y convierten en sarcasmo la idea apacible que parecía derivarse del significado de la palabra Islam: entrega o sumisión a Dios.

Para los mahometanos todo ser humano que no cree en su libro sagrado *El Corán* o no se convierta al Islam es un kafir o infiel y para ellos el llamado Mensajero de Dios dispone una perpetua pena inapelable, un decreto inexorable que algún día alcanzará a cristianos y judíos, «los hombres de las Escrituras». «En cualquier lugar que estéis os alcanzará la muerte, os alcanzará en elevadas torres» (versículo 80 del sura IV). «Combatidles hasta que no haya ya más culto que el del Dios único» (VIII-40). Es una consigna que Mahoma trasmite por diferentes conductos pero con un mismo propósito de exclusión o supresión. Unas veces ordena hacer la guerra a cristianos y judíos «hasta que sean humillados» (sura IX-29), otras prescribe un suplicio ignominoso (IV-150) o la entrega eterna a las llamas (XIII-6).

## DE GUERRA SANTA (*YIHAD*), COCHES BOMBAS Y ATACANTES SUICIDAS

De la voluminosa urdimbre de disposiciones que en *El Corán* pretenden regular todo lo divino y lo humano ocupan lugar destacado las que de manera específica alientan la violencia y afectan la vida de los fieles de otras religiones. La nueva religión eliminó cuantos frenos éticos existían con respecto a los usos de la guerra. En aquellas que se libraran contra los infieles todo estaba permitido. Es bueno que dicho Libro insista en rendir alabanzas a quien es Dios por los siglos de los siglos. Causa inquietud en cambio que contenga otras muchas normas que en su aplicación entrañan castigos brutales para otros seres humanos. Algunas se refieren a luchas particularmente encarnizadas, otras contienen edictos dirigidos a causar homicidios y no faltan las que directa o indirectamente consagran la práctica del atacante suicida. Generaciones tras generaciones de islamitas han sido formados al calor de esas enseñanzas. El mundo de hoy es testigo de los enormes daños que ellas pueden ocasionar.

Las divisiones en el seno del Islam han dado vida por otra parte a milicias paramilitares que además de matar infieles intercambian a menudo choques sangrientos. Se enfrentan con la misma saña que emplean en la *yihad*. No solamente se asesinan americanos, ingleses y otros europeos ni tampoco se limitan las matanzas a las que ocurren entre sunitas y chiitas sino que se extienden también a creyentes de otras minoritarias religiones como la de los Yazidis.

En algunos países como Argelia el islamismo radical ha hecho uso de bárbaras matanzas colectivas. En Afganistán fueron los Talibanes del Mullah Omar los que acostumbraban efectuar ejecuciones públicas en el estadio de Kabul; harto conocidas son por lo demás las brutales matanzas ocurridas en Irak donde soldados que reparten juguetes a los niños y civiles inocentes son asesinados sin compasión; en Somalia la lucha llega al nivel de clan contra clan y en Pakistán donde se llegó al asesinato de Benazir Bhuto probablemente causado por sus inclinaciones occidentales; en otros países como el Líbano se prefiere el empleo del magnicidio. En todas partes las divisiones sectarias han galvanizado la existencia de campos irreconciliables y arraigado una cultura de violencia.

No es pues solamente que en su libro sagrado el Islam predique un mensaje agresivo y hostil contra los infieles sino que propone su puesta en práctica mediante esa lucha armada consagrada en muchos versículos del *Corán*. Algunos de ellos (por ejemplo los números 102 a 105 del sura IV) ofrecen detalles sobre como conducir la guerra y esos detalles se complementan con aclaraciones posteriores: «No conviene que todos los creyentes vayan a la guerra. Es preferible que vaya un cierto número de cada tribu» (IX-123). Otros la prescriben con mayor rigor al punto de tildar su aversión de pecado grave (II-214) A quienes mueran en el curso de una guerra santa Mahoma les garantiza un fácil acceso al paraíso. Los subyugados tienen que usar a su vez vestidos especiales y llevar una campana. La paz se instaurará sólo cuando se complete la conquista global. En realidad, las guerras que el Islam ha librado contra países no musulmanes casi nunca terminaron en genuinos tratados de paz sino en meras treguas.

Algunos escritores simpatizantes del Islam arguyen que *El Corán* ha sido mal interpretado y que *yihad* no es equivalente a guerra santa o al uso de la violencia sino a un esfuerzo moral o lucha pacífica por una causa justa. Un filósofo argelino lo define como un esfuerzo por el dominio de sí hacia la elevación espiritual, hacia las obras bellas. En árabe literario *yihad* significa «esfuerzo dirigido a un objetivo determinado». Aunque en las normas del *Corán* es posible encontrar algún versículo que ampare esas lecturas cabe preguntarse ¿Qué interpretación puede darse al versículo 24 del capítulo IX que ordena: «haced la guerra...a aquellos hombres de las Escrituras que no profesan la creencia en la verdad? ¿Acaso no dice ese sura IX en sentido imperativo «atacad a los jefes de los infieles» y «combatidles a fin de que Dios los castigue por vuestrras manos y los cubra de oprobio» ¿Y no se califica a los infieles de criminales en éste y otros suras?

¿Es o no es una incitación a la violencia el hecho de que a quienes mueren luchando en el sendero de Dios, éste les garantiza un paraíso mucho más placentero y atractivo que el que se reserva para el común de los fieles? Olvídense los no combatientes de las huríes sin mancha y los jóvenes buenos mozos. Para ellos habrá mujeres ancianas y servidores envejecidos y se les albergará en simples galerías «bajo las cuales correrán aguas».

Quiéranlo o no esos ingenuos pacifistas *El Corán* no ofrece más que dos destinos a sus fieles: la victoria o el martirio (seguido del paraíso), lo cual equivale a instituir una suerte de *yihad* permanente. Recuérdese por último que en el sura IV-95 Dios, el Dios del Islam, distingue dos clases de fieles, los combatientes y «quienes se quedan en casa», y ofrece a los primeros «una magnífica recompensa». Mahoma que comandó ejércitos se refiere a la *yihad* en los mismos términos militares que tan familiares le eran. Le asigna además la misma connotación de deber religioso que impregna a los suras que hablan de infieles y apóstatas. No en vano para muchos musulmanes la *yihad* es una lucha permanente y global que alcanza la categoría de sexto pilar de su religión. Es en el fondo una gran empresa de conversión y de guerra. «Sólo la *yihad* traerá la paz al mundo» declaró a principios de 2008 Baitula Mehsad el acusado de haber asesinado a Benazir Bhuto.

Al margen del *Corán* hay varios dichos del *hadiz* o tradición islámica que arrojan luz sobre el carácter de la *yihad*:

1) Aquel que muere sin haber tomado parte en una campaña es como si muriera en la falta de fe.
2) El paraíso está en la sombra de una espada.
3) Un día y una noche luchando en la frontera es mejor que un mes de ayuno y oración.

La *yihad* fue perdiendo en algunas tierras islámicas su sentido religioso pero no el militar que incluso distinguió entre la *yihad* ofensiva y defensiva. El primer país que puso al Islam a la defensiva fue España con la Reconquista. En otros países el llamado a una *yihad* se ha hecho por una variedad de motivos que no eran precisamente sagrados. Hasta Sadam Hussein, que no era un líder islámico, invocó más de una vez la palabra y ésta incluso se fue banalizando. Sin embargo, en los textos básicos y en el concepto de los fundamentalistas sigue conservando su carácter de cruzada religiosa y a los que en ella perecen se les sigue considerando mártires.

La terminología bélica del Islam se enriquecería en tiempos del Imperio Otomano con el vocablo *gazi* que puede traducirse como ataque sorpresivo o incursión inesperada (en inglés *raid*) que con fines de depradación se hizo muy común en el Mediterráneo de los siglos XV al XVIII. La mayoría de los *gazi* se dirigían por supuesto contra los infieles.

Surgen, sin embargo, serias dudas teológicas sobre la consideración que debe darse al <u>atacante suicida</u> aquel que atándose una bomba mata indiscriminadamente a terceras personas. En el año 2002 los atacantes suicidas palestinos llevaron a cabo 42 atentados con un saldo de 228 muertos. Entre mayo del 2005 y diciembre del 2007 fueron 667 los ataques suicidas llevados a cabo en Irak. Increíblemente 14 de esos ataques fueron perpetrados por mujeres. El uso de mujeres dispuestas a inmolarse sirve de ejemplo para reclutar más hombres como atacantes suicidas. Como se vera más adelante los versículos que se refieren al suicidio en el sura IV son ambiguos en el tratamiento del tema. Ninguno define categóricamente el juicio o destino que debe darse a quienes deciden dar su vida por una causa que ellos estiman justa o noble. Para algunos comentaristas del *Corán* ellos son mártires fanáticos que se han inmolado en una guerra sagrada. Para otros conocedores del *Corán* y el *Hadiz* esos suicidas han cometido un pecado mortal al disponer de sus vidas matando seres inocentes. En una entrevista con el número dos de la jerarquía eclesiástica de Irán, éste declaró que los atacantes suicidas no sólo no se merecen el paraíso sino que van directamente al infierno. Sin embargo, fue esa misma teocracia la que en la guerra contra Irak mandaba oleadas de niños, «ángeles de la revolución», a cruzar campos de minas en la vanguardia de sus ejércitos. Hamas, Hizbolá y la Yihad Islámica usan con frecuencia atacantes suicidas incluyendo mujeres dispuestas a dar sus vidas en la lucha contra Israel y esos atacantes son moneda corriente en Irak.

También quedó en las tinieblas el daño colateral consistente en matar indiscriminadamente a personas inocentes. Otro versículo (el 69) del mismo sura IV da a entender que si el suicidio y sus posibles consecuencias se hubieran producido «ejecutando las órdenes de Dios» entonces ello sería prueba de firmeza en la fe y sus autores recibirían una generosa recompensa (IV-76). Reina pues el deconcierto entre los comentaristas del *Corán*, unos condonan los atentados, otros los consideran un pecado grave. La incertidumbre religiosa pende pues sobre el destino de quienes sacrifican sus vidas en una *yihad* sea ésta la lucha en una *intifada* contra Israel o en la guerra contra los E.U. Cuesta mucho trabajo creer, aun dentro de los cánones islámicos, que Atta y sus 18 compañeros estén ahora soslazándose en el paraíso tras haber asesinado a 3.000 seres humanos.

## *FATWAS*

La *fatua* o *fatwa* es un pronunciamiento o edicto religioso que aclara un cuestionado punto doctrinal y en algunos casos ordena la ejecución de una persona acusada de cometer una falta grave. La más grave de las faltas que han dado lugar a *fatwas* es la apostasía, es decir: el abandono o reniego de la fe islámica por una persona perteneciente a esa religión. Aun sin pertenecer al Islam es posible no obstante dictar *fatwas* contra quienes incurren en blasfemias o injurias graves contra el profeta o *El Corán*.

¿Quién tiene autoridad para ordenar o emitir una *fatwa*? En principio debería ser la autoridad suprema del Islam, pero no existiendo la figura de un Papa o Pontífice máximo ni habiéndose logrado el sueño de un califato internacional único, han sido los grandes jerarcas de una determinada secta o incluso muftis, imanes o ulemas de particular prestigio los que se han arrogado la facultad de dictar *fatwas*. En algunos países hay un Consejo Supremo de Ulemas que tiene potestad para emitir veredictos sobre las más importantes cuestiones. En el famoso caso del novelista Salman Rushdie fue el Gran Ayatola Jomeini quien promulgó la orden de eliminarlo físicamente. La orden se dirigió a «todos los musulmanes fervorosos del mundo». Dada la amplitud de la orden, la autoridad de quien la emitió y la multiplicidad de musulmanes que hay en Gran Bretaña, (aproximadamente dos millones), Rushdie, como se sabe, tuvo que vivir oculto y protegido por la policía durante varios años. También vive oculta y protegida la ex diputada holandesa Ayaan Hirsi Ali, que es crítica del Islam.

La naturaleza descentralizada del Islam ha dado lugar a dos problemas particularmente graves. El primero es la multiplicación de *fatwas* emitidos por individuos o entidades que se erigen en autodesignados líderes religiosos. *Ulemas* versados en *El Corán* pronuncian cuantas *fatwas* se le ocurran en cualquier lugar del mundo. Un departamento de la Universidad Al Azhar de El Cairo emite varios centenares de *fatwas* al día e igualmente fecundos son otros centros de estudios islámicos.

La abundancia de peticiones dirigidas a dilucidar puntos oscuros de la religión sugiere que o bien su cuerpo doctrinal no es claro o bien su pretensión de cubrir forzosamente todo deja muchos espacios desprovistos de regulación. Lo cierto es que todo ello ha creado un verdadero caos de *fatwas*. El segundo problema es la banalización de los pronunciamientos que algunas veces tocan temas tan triviales como la prohibición de ver televisión o si es correcto tener perros dentro de la casa. Frente al aluvión de peticiones demandando orientación abundan los juicios oscuros o contradictorios que de poco sirven para moldear la conducta de los fieles.

Otra gravedad intrínseca de la *fatwa* es que puede tratarse de una condena a la pena capital que no proviene de un tribunal ante el cual se hubiere probado la comisión de la falta y se le haya dado al reo la oportunidad de demostrar su inocencia. La *fatwa* es una suerte de dictamen jurídico que a veces constituye un úkase inapelable. Otra enormidad desde el punto de vista de la cultura occidental es que se hayan investido del poder de matar a millones de civiles de repente convertidos en improvisados verdugos. «Ustedes maten en cualquier lugar del mundo, donde quiera que se encuentre el reo y yo me encargaré de expeditar su viaje al paraíso».

# CAPÍTULO V

# MAHOMA

**ENTRE LA HISTORIA Y LA LEYENDA**
  ¿Sería posible explicar el crecimiento actual del Islam en razón de la extraordinaria influencia que aún hoy ejerce el fundador de esa religión? ¿Será tal vez el efluvio de carisma y la fama de perfección que emanan de la personalidad del profeta lo que atrae a tantos nuevos seguidores? ¿Qué dice en realidad la historia de tan importante personaje?
  El problema de identificar con precisión la realidad histórica de Mahoma estriba en que los datos de su biografía y las de sus discípulos provienen principalmente de escrituras o fuentes islámicas. El advenimiento del Islam no fue en realidad un suceso trascendental que atrajera la atención de observadores de otras culturas. No fue sino siglos después que algunos historiadores dentro y fuera de esa religión procuraron verificar o cuestionar la autenticidad de los relatos tradicionales. Mucho de lo que se cuenta sobre la vida de Mahoma no proviene del *Corán* sino del *Hadith*. Y su más temprana historia fue en gran parte trasmitida oralmente con su consiguiente riesgo de falibilidad o prejuicios. Una de las biografías a las que mayor autoridad se confiere, la de Ibn Ishaq Sirat, fue escrita en 767 más de siglo y cuarto después de su muerte y en ella se presenta un cuadro poco objetivo de su persona. Lo mismo ocurre con los trabajos de exégesis coránica escritos por Ibn Abbas, primo de Mahoma.
  Curiosamente un capítulo del *Corán* que lleva el nombre de Mahoma (el XLVII) no trata en absoluto de la vida y obra del profeta. Otros suras que sí lo hacen le declaran el profeta iletrado, el «apóstol de Dios enviado hacia todos vosotros», «servidor de Dios», «apóstol encargado de advertir», «el elegido» y el «sello de los profetas», es decir, el último profeta, lo que parecería chocar con el poder de Dios

de conferir a otros el don de la profecía. Y es por supuesto el propio *Corán* el que se encarga de negar categóricamente que Mahoma fuera un poseído, un poeta, un adivino, un iluminado o un endemoniado. La palabra que *El Corán* le asigna con más frecuencia es *rasul* o enviado. Él mismo se definió como un hombre encargado de anunciar promesas y de advertir al pueblo de los creyentes (VII-188).

Aunque *El Corán* le adjudica 99 títulos es la palabra profeta la que lo designa primordialmente según la tradición y el uso predominante. Sin embargo, Mahoma fue en realidad algo más y algo menos que un profeta. Mahoma fue fundador, guía espiritual y jefe supremo del Islam. Dio vida al *Corán* y contribuyó más que nadie a la tradición musulmana. Fue modelo a imitar y prototipo de perfección. Con él empieza y termina la teología islámica. En su persona se concentran todas las virtudes que otros santos varones de esa religión hubieran podido tener.

Fue algo menos que un profeta ya que en realidad carecía del don de conocer cosas distantes o de predecir el futuro. Tuvo sí presagios y formuló denuncias a la manera como hicieron algunas figuras del profetismo bíblico. En la apologética islámica ocupa una posición distinta y tal vez superior a la que comúnmente se asigna a la santidad y la profecía. La obediencia que *El Corán* requiere de Dios se extiende también al profeta.

Que la historia del Islam de la época de Mahoma ha sido embellecida con grandes gestas parece obvio para los observadores de hoy. Es muy al uso, por ejemplo, acreditarle a Mahoma la gran victoria de Mut'ah ocurrida en 629 siendo así que en realidad dicha batalla constituyó un fracaso estratégico y un gran motivo de aflicción para Mahoma. El profeta en realidad no participó en esa batalla; los ejércitos del Islam fueron comandados primero por su hijo adoptivo Zeid quién murió en el combate y luego por Khalid al-Walid a quien se atribuye el haber logrado retirarse en forma ordenada. La reacción de Mahoma fue lamentar la muerte de Zeid y castigar a otros jefes con una pena de incomunicación. Como se verá más adelante el profeta sí estuvo presente en otras batallas y dirigió el contingente islámico que tomó el oasis de Kheiboa y llevó a cabo la matanzas de los judíos que allí habitaban. A Mahoma se le acredita también el haber introducido un mando unificado en la dirección de las guerras del Islam. Más de un libro se ha escrito sobre sus aptitudes militares. Es indudable en todo caso que Mahoma fue un profeta nada común, un profeta que mandó tropas y participó en batallas; muy pocos profetas conocidos acostumbraban a portar armas y mucho menos a usarlas. El contraste con Jesucristo que en sus Bienaventuranzas elogia a los mansos, los compasivos y los pacificadores, no podía ser mas significativo.

## ELOGIOS Y CRÍTICAS

A los ojos de sus seguidores, Mahoma es el personaje central, el ser superior, la gloria inmarcesible del Islam. Tan grande e imperecedora es su fama que a la religión islámica se le conoce también como la religión mahometana. Fue él quien la fundó, fue él quien la mantuvo en pie durante sus primeros agónicos años; a él muchos le atribuyen la autoría del *Corán* y sus hechos, dichos y silencios forman la base del *Hadiz* o tradición islámica. A su alrededor se formaron prosélitos y califas. Fue profeta, militar, político, legislador y árbitro de disputas. Tan notables fueron al parecer sus cualidades que su nombre se hizo sinónimo del Hombre Perfecto, el Glorificado, el Enviado de Dios, el Profeta Ilustre. En el exceso de veneración se ha llegado a una especie de adoración o estimación semidivina contraria a lo que el Profeta condenó en sus exhortaciones. Que Mahoma se sobreestimaba a sí mismo es indudable y esa sobreestimación llegaba al punto de presentarse a sí mismo en *El Corán* como ejemplo de perfección (XXXIII-21).

Los elogios anteriores y muchos más provienen por supuesto del campo musulmán. Vituperios y censuras abundan del lado opuesto. A Mahoma sus enemigos le han calificado ante todo de impostor y falsario, de haber inventado *El Corán*, de haber disfrazado de revelaciones lo que eran alucinaciones, visiones o accesos de epilepsia. Aun los que rechazan esta última tesis piensan que Mahoma era objeto de raptos emocionales irresistibles que le llevaban a creer que estaba bajo la influencia divina.

Voltaire lo acusó de ser cruel y brutal. Dante lo puso en el infierno. Lutero lo llamó archienemigo de Cristo. Para Alexis de Tocqueville «pocas religiones han sido tan mortíferas para el hombre como la de Mahoma». Monterquieu, Renán y Hegel figuran entre los que criticaron su hostilidad a la razón y su obsesión autoritaria. Winston Churchill tildó a su creación máxima, el Islam, de la fuerza más retrógrada que ha existido. Y yendo más lejos en el tiempo, Mahoma fue para Manuel II Paleólogo, Emperador de Bizancio, un simple trasmisor de maldad. Otros le llaman vengativo e insensible y no faltan los que afirman que sufría de histeria. Pero fue nada menos que Napoleón quien al inicio de su campaña en Egipto le rindió homenaje y calificó su obra de grandiosa. Son tambien varios intelectuales de Occidente los que han escrito biografías laudatorias. Su vida privada y en especial su conducta con las mujeres también han originado críticas al tiempo que sus fieles las juzgan sin máculas. El hecho de que dos de sus sucesores o califas fueran suegros de él y otros dos yernos, dieron pie a la crítica de ser un gran nepotista (LIX-7). Y fueron los repartos que hacía de los botines producto de los asaltos a las caravanas los que alimentaron las no comprobadas sospechas de aprovechamiento personal. Mostró especial hostilidad hacia los judíos a quienes acusó de orgullosos y de practicar la usura.

Los datos históricos de la vida de Mahoma se entrelazan con los que provienen de la conjetura, la leyenda y la mitología. Mahoma no tuvo evangelistas, ni contemporáneos ilustrados que escribieran relatos sobre su vida. En la Arabia de su tiempo no hubo un Flavius Josephus ni un Suetonio ni un Herodoto que registraran acontecimientos notables.Una buena parte de su biografía se apoya en pasajes que él mismo insertó en *El Corán,* incluyendo autoelogios, o se basa en porciones del *Hadiz* o en fábulas que sus creyentes fueron trasmitiendo verbalmente de generación en generación. El propio Mahoma calificó los tiempos que preceden al Islam como «los días de la ignorancia» (jahiliyah). Hijo de ese tiempo y de ese medio, es necesario juzgarlo a la luz de lo que se sabe sobre su vida y la sociedad árabe del siglo VII.

## SU ENTORNO

Mahoma se solazaba en decir que era un profeta iletrado nacido entre hombres iletrados. También gustaba repetir que él era árabe y que *El Corán* era un libro árabe. «Ama a los árabes, decía, porque yo soy árabe, *El Corán* está en árabe y esa es la lengua que se habla en el paraíso». Vivió toda su existencia en las dos ciudades principales de Arabia, la Meca y Medina. Su entorno fue primordialmente árabe y su lengua el árabe, «lengua muy difícil de entender». Tuvo no obstante contactos con gente culta de su tribu y también con cristianos y judíos y ello le dio cierto barniz de cultura.

La estructura social de la región en que vivió era tribal y en la Meca la tribu más poderosa era la de los Coraix (*Quraish* o *Qurayz*) que ejercía una cierta hegemonía sobre otras tribus de Arabia central y occidental. Parte de la autoridad de los Coraix provenía del control que tenían del templo de la Kaaba una especie de monolito que se decía erigido por Abrahán y que estaba rodeado de estatuillas dedicadas a honrar a todos los dioses.

Aunque forjado en la cultura árabe Mahoma tuvo al parecer una actitud ambivalente con respecto a su pueblo. Unas veces lo colmaba de elogios y otras lo calificaba de empedernido, ignorante y hasta de pueblo pérfido. Algunos autores piensan que su inclinación inicial a la vida contemplativa respondía a un rechazo de esa sociedad y a las experiencias nomádicas de su infancia.

La vida profética de Mahoma se dividió por mitad entre la Meca y Medina y fue sólo en esas dos ciudades donde recibió sus revelaciones o experimentó sus visiones. Fue en todo caso en ellas que Mahoma estableció las bases de su religión y desenvolvió dos fases distintas de su existencia. Fue rebelde y agitador social de poco éxito en la Meca y suprema autoridad político- religiosa en Medina. Una veces con alegorías y otras de modo directo instituyó su propia distinción del bien y del mal. Tuvo muchas alegadas revelaciones en la Meca y relativamente pocas en Medina; predominan las de naturaleza escatológica en su ciudad natal y las de interés mundano en la otra. En todo momento sería correcto llamarle misionero excepcional y predicador incansable de su propio credo.

Sin embargo, Mahoma no abrió nuevos horizontes doctrinales ni aportó enfoques originales a los estudios teológicos. Predicó un mensaje ambivalente de fraternidad y buen comportamiento para los que aceptaran íntegramente su fe y de menosprecio y confrontación para los que la pusieran en tela de juicio. Mostró aptitudes de liderazgo y ascendencia espiritual, pero su encarecida apelación a la unidad, contenida en su último sermón, cayó en oídos sordos. Poco después de su muerte sus fieles comenzaron a escenificar una historia de divisiones y choques sangrientos que cerca de 1,400 años después aún se mantiene en pie.

## SU VIDA EN LA MECA

Mahoma nació en la Meca (Makka) en 570 D.C. (la fecha no es segura; unos historiadores la fijan un año antes y otros un año después). La Meca está situada en la región de Hijaz, al oeste de una gran altiplanicie cercana a «la tierra de la sed y el terror» que ocupa la mayor parte de la península arábica. La Meca funcionaba como una ciudad-estado gobernada por un consejo de diez jefes tribales. En ella pasaría Mahoma 50 años de su existencia. Su vida se desenvolvería en dos planos: el secular y el religioso y sobre todo en este último llegaría a causar un gran impacto en la historia de la humanidad.

Aunque en la lengua árabe no existen los gentilicios, muchas personas eran conocidas por varios nombres propios escogidos al azar o correspondientes a sus padres o ascendientes. Los ascendientes inmediatos del profeta fueron Abulkasim[2] Ibn Abdula al Muttalib Mahoma. Hijo póstumo de un empobrecido miembro de un clan de menor cuantía perteneciente a la tribu de los Coraix, Mahoma vino al mundo sin más herencia que una esclava y dos camellos. La ficha de sus progenitores y descendientes se puede establecer así:

---

[2] Abú significa padre en árabe.

## La familia del profeta

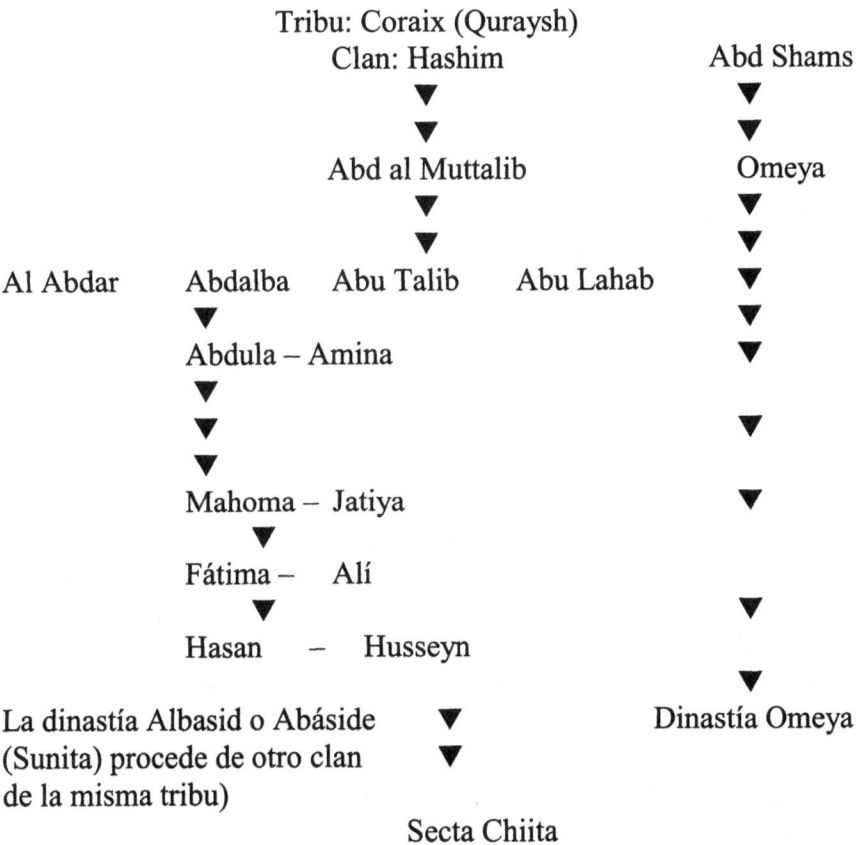

Criado por una familia de beduinos, a los seis años perdió a su madre, Amina, y pasó al cuidado de su abuelo y a la muerte de éste quedó bajo la guardia y custodia de su tío Abú Talib. El niño que hasta entonces había tenido que trabajar como pastor, ingresó entonces a la edad de nueve años en el negocio de las caravanas que iban a Siria y Yemen trabajando como ayudante del conductor. Otras noticias sobre la infancia de Mahoma provienen de la leyenda. Que Amina, su madre, cuando estaba encinta veía una luz que salía de su vientre, que Mahoma cayó una vez de su cama, cogió un poco de tierra y proclamó: «Alá es grande», que las ramas de los árboles se inclinaban a su paso, que al momento de su nacimiento ocurrieron grandes fenómenos de la naturaleza tales como fuegos e inundaciones.

Fue probablemente en razón de sus tempranas labores que Mahoma careció en su juventud de educación formal. La cuestión de saber si en el curso de su vida fue alfabetizado se presta a discusión. No hay noticia de que ello haya ocurrido pero cuesta trabajo creer que un hombre de negocios que llegaría a regentar una empresa y tuviera después destacada participación en la vida pública no supiera leer ni escribir. Es él, sin embargo, el que se califica a sí mismo en *El Corán* como «profeta iletrado» y lo dice no una sino varias veces (véase por ejemplo VII-156 y LXII-2).

Cabe presumir, sin embargo, que con el tiempo y valiéndose de su inteligencia natural el futuro profeta adquirió una educación funcional siquiera sea suficiente para desempeñarse en mayores responsabilidades en el giro de las caravanas. Fue esa actividad sin duda la que avivó su curiosidad y ensanchó sus conocimientos. Era al parecer un joven inteligente y serio que tenía la extraña costumbre de retirarse a meditar en los montes y colinas cercanos a la Meca. En su ocupación adquirió fama de ser inteligente y laborioso. Antes de que ocurrieran sus revelaciones Mahoma participó en dos expediciones bélicas que su tribu de los Coraix lanzó contra su rival Barau Hawagio. Quien habría de ser gran jefe militar tuvo así cierta experiencia bélica pre-profética.

En cuanto a su persona hay una tradición de secretismo en el Islam que se ha hecho extensiva a la apariencia física de Mahoma; el Islam prohíbe en efecto que la figura de Mahoma se trate de reproducir en pinturas, esculturas o de cualquier otra forma. Ninguna representación gráfica de Mahoma existe en los museos de países islámicos. Se conserva un pelo suyo y una huella de su pie en el Museo Topkapis de Estambul, un diagrama de su calzado en el museo de Timbouktú y un fragmento de su túnica en Afganistán, así como diversas pertenencias suyas en otros museos.

Según la descripción admirativa de Edward Gibbon, Mahoma se distinguía por la belleza de su persona, su presencia dominante, su aspecto majestuoso, su mirada penetrante, su sonrisa atractiva y su nutrida barba. En el orden intelectual el mismo autor le atribuye una gran memoria y capacidad retentiva, una imaginación sublime, un juicio ágil y claro y un genio (genius) superior. Gibbon escribió su *History of the Decline and Fall of the Roman Empire* entre 1776 y 1778 y en este volumen VI de su obra ( pp. 226-227) reconoce que su descripción corresponde a la tradición islámica. Es probable que esa descripción se inspirara en la que hecha por su yerno Alí figura en el libro de M. Tabari.

## MATRIMONIO Y REVELACIÓN

A los 25 años Mahoma recibió una propuesta de matrimonio de una viuda rica, Jadiya, (Khadija) que era quince años mayor que él. Mahoma aceptó y su esposa pronto lo puso al frente de los negocios heredados, uno de los cuales era el de importación y exportación de mercancías por medio de las caravanas que atravesaban el desierto. En los 15 años que duró el matrimonio, el profeta se comportó como fiel y devoto esposo. Jadiya le dio siete hijos pero los tres varones murieron a una tierna edad. Pudo ser además un ciudadano influyente y respetable si no fuera por el cambio que experimentó a estas alturas de su vida. Aumentaron sus meditaciones en lugares apartados, comenzó a tener visiones y alucinaciones y una de ellas ocurrida en el Monte Hira en 610 transformó su carrera comercial en destino profético. Según su propio relato una visión deslumbrante lo puso frente al arcángel Gabriel en una cueva de ese monte. El arcángel le hizo la primera revelación que Mahoma trasmitió a sus primeros cinco conversos (su esposa Jadiya, su primo (y futuro yerno)Alí, su tío Abu

Talib, su amigo Abu Bakr y Zeid o Zaid, el liberto del profeta). La religión que años después congregaría multitudes nació así en el ámbito tranquilo de tres parientes y dos allegados.

Tardó tres años en recibir otra revelación y según un autor español cada vez que la recibía «Mahoma palidecía de repente, su frente se perlaba de sudor y entraba en un estado de trance o de semi-consciencia. A veces caía a tierra como fulminado por una irrupción preternatural». En el interín comenzó a predicar a los 40 años de edad un sermón monoteísta que condenaba la idolatría reinante y se revestía de exhortaciones en favor de los pobres y desvalidos. Comenzó siendo un amonestador pero luego fue elevando el tono de su prédica, salpicándola de invectivas y llegando a pronunciar vehementes acusaciones. Nunca atrajo en la Meca más de unas pocas docenas de seguidores en tanto que sus palabras lo fueron situando frente a las estructuras de poder que no tardaron en calificarlo de peligroso agitador social. A los mecanos les irritaba su ataque a los 300 ídolos locales, su énfasis en la escatología y su crítica a los ricos. Les molestaba asimismo que un hombre de tan humildes orígenes quisiera erigirse en líder de la comunidad. «Si al menos *El Corán* hubiese sido revelado a *algún hombre considerable de las dos villas*, habríamos podido creer», decían sus enemigos idólatras (sura XLIII-30). Esa exclusión virtual de Mahoma del círculo de caravaneros, mercaderes y artesanos que constituían la élite de la Meca probablemente contribuyó a suscitar rencores en su espíritu y según algunos autores, a motivar su enfrentamiento con las estructuras de poder.

Otras discrepancias surgen con respecto a sus conocimientos de las Sagradas Escrituras. Mahoma fue acusado de sacar sus pretendidas revelaciones de lo que aprendió de dos comerciantes establecidos en la Meca, Djebr y Yesar, aficionados a la lectura del Pentateuco y de los Evangelios. Otros dicen que su mentor fue un persa llamado Salomón también instruido en asuntos de religión y muy cercano a la familia del profeta o incluso un primo de Jadiya que era cristiano. Como se dice en otro lugar de este libro Mahoma también tuvo contacto con monjes cristianos y rabinos judíos. Espíritu curioso e inquisitivo, Mahoma tuvo así ocasión de hilvanar en su mente las historias que escuchaba. Varios versículos del Corán recogen las maledicencias sobre su originalidad diciendo que «otros también le han ayudado a hacerlo» (XXV-5). El libro, dicen los que Mahoma llamaba incrédulos y pérfidos, «es una mentira que él ha forjado». Son cuentos de los antiguos escritos por un hombre embrujado (XXV-6 y 9) alegaban sus críticos.

## LA HÉGIRA

Mahoma continuó no obstante su prédica moral y de reformador social bajo la protección de su tío Abú Talib y el consuelo de su esposa. Aunque lentamente su grey fue creciendo y ello concitó animadversión y alarma en la dirigencia de los Coraix. Se fraguaron incluso planes para asesinarle y esa amenaza entrañaba serios peligros para su familia. En el ambiente disoluto y vicioso de la Meca, el profeta contaba únicamente con la débil protección de su clan y ésta dejó de existir con la muerte de su tío Abú Talib. Casi al propio tiempo falleció su esposa Jadiya y fue entonces que Mahoma decidió huir de la Meca. Tanteó la posibilidad de establecerse en localidades cercanas e intentó buscar refugio en la cristiana Etiopía. Fracasados esos planes entró en contacto con emisarios de la vecina Yatrib, después llamada Medina (ciudad), y fue allí donde al fin encontró protección. Escaparon primero 70 de sus partidarios y con gran peligro lo hicieron después Mahoma y Abu Bakr. La fecha de esa huida o migración (15 de julio del 622), la hégira (*hijra*), marca el inicio del calendario islámico[3]. A Medina se le llama también Medinet en-Nebi, villa del profeta.

La hégira tranformó el carácter de Mahoma y la estrategia del Islam. En Medina Mahoma encontró una base sólida de seguidores y ello le permitió fundar una comunidad basada en la religión y no en los tradicionales lazos sanguíneos. La comunidad se fue haciendo hegemónica al impulso de las instrucciones que el Profeta daba para la conversión de medinenses y la eliminación de cuantos se opusieran

---

[3] El calendario islámico se compone de años lunares de 354 días, intercalando 11 de 355 en cada período de 30 años.

a su poder. A los siete meses de su llegada Mahoma dio inicio a su carrera militar ordenando asaltos a las caravanas que salían de la Meca o se dirigían a esa ciudad. En 628, Mahoma asaltó el rico sector judío de Koretsa y exterminó o expulsó a sus integrantes. Sus desavenencias con los judíos se originaban en las acusaciones que éstos le hacían de deformar el Antiguo Testamento. Persiguió también a quienes divulgaban maledicencias y liquidó los últimos vestigios de idolatría en Medina.

Fue también en Medina que Mahoma perfeccionó sus aptitudes como jefe militar combatiendo dos veces contra los poderosos Coraix de la Meca. Ganó una primera batalla, la de Badr, de la que la tradición islámica dice que la victoria ocurrió cuando Mahoma salió de su tienda, imploró a Alá la destrucción de sus contrarios y arrojó un puñado de tierra contra sus enemigos (amén de recibir la ayuda de un ejército invisible de 5.000 ángeles). Esa batalla selló la separación definitiva de los dos cultos y marca la primera confrontación bélica del Islam contra los infieles. Mahoma perdió la segunda batalla librada en Uhud también contra los Coraix y sus aliados, pero la leyenda y los comentaristas sostienen que la derrota no fue su culpa sino de los hipócritas, de la falta de celo de los musulmanes y de los arqueros que incumplieron sus órdenes. Se le acredita en todo caso una retirada en orden que le permitió salvaguardar el grueso de sus tropas. Mahoma fue herido en este segundo enfrentamiento.

Las batallas y escaramuzas que Mahoma libró le dieron fama y fortalecieron su carácter. En total libró ocho grandes batallas y dirigió 18 asaltos. Dos veces fue herido y llegó a ser reconocido como estratega astuto y a menudo implacable que destruía incluso las palmeras de dátiles de sus enemigos. Nunca más sería el humilde caravanero de la Meca ni el oscuro predicador de escuálidas audiencias. Ahora sería el grandioso profeta de Medina en camino de convertirse en líder supremo de toda Arabia. La humildad no sería nunca un trazo fuerte de su personalidad. En el versículo 56 del sura XXXIII «Dios y los angeles honran al profeta».

Después de Uhud Mahoma tuvo que luchar con bandos rivales en Medina y con tribus menores de otras partes de Arabia. En el año octavo de la hégira combatió a las tribus Hawazen y Thakif y según cuenta la tradición fue su valor lo que evitó una humillante derrota. En esos años iniciales de la hégira tuvo que enfrentar una coalición de judíos, idólatras de la Meca y opositores no creyentes. Liderados por el núcleo firme de los Coraix sus contrarios integraron un ejército de 10.000 personas que marcharon contra Medina y la sitiaron durante varias semanas. El sitio fracasó por la hermética defensa de la ciudad (muros, fosos y trincheras) y el gradual desaliento y fallos logísticos de los atacantes. Mahoma atribuyó la victoria a la intervención de Alá quien según *El Corán* envió fuertes vientos y ejércitos invisibles (XXXIII 33-9). Fracasado el asedio se firmó la tregua de Hudaybijah que marca el inicio del declive y rendición de la Meca.

Acusados de confabulación con los idólatras y de haber violado el llamado Pacto de Medina, Mahoma pasó a cuchillo a casi todos los hombres de la tribu judía Bni Koraiza. El número de judíos asesinados se calcula entre 600 y 900. El profeta culminó su victoria añadiendo a Raihama Bint Amr, la viuda del jefe judío, a su elenco de concubinas. Otras mujeres judías fueron violadas por seguidores suyos. Los castigos más severos, como quemar los ojos con hierro candente fueron ordenados contra renegados y apóstatas. Cuantas súplicas de perdón se formulaban eran ignoradas. Para nutrir las arcas del gobierno el profeta organizó y dirigió nuevos asaltos a las caravanas que cruzaban el desierto. Una quinta parte del botín le pertenecía.

La transformación de Mahoma después de Badr en un excepcional señor de la guerra tuvo muchas manifestaciones. Ejecutó a varios poetas y poetisas que le criticaron incluyendo a Asma bent Marsuan y elogió a sus verdugos. A su juicio las sátiras eran más dañinas que las flechas. Se alegró cuando le presentaron la cabeza de un infiel decapitado. Le causó júbilo que su yerno Ali hubiera asimismo decapitado a un jefe enemigo. Dispuso también la muerte de un crítico medinense de 100 años.

La tradición islámica afirma que en el curso de su vida Mahoma libró 82 batallas cosa difícil de creer dado el hecho de haber vivido menos de diez años después de su primera batalla. Dicha tradición cita entre sus victorias la antes citada batalla de Mutah.

## PROYECCIÓN POLIFACÉTICA

Seguro en sus dominios Mahoma se dedicó a actuar como diplomático y político reconciliando fracciones rivales y suscribiendo un pacto con los mecanos (el antes citado pacto de Hudaybijah) a propósito de las peregrinaciones a la Kaaba. Quien había salido de la Meca con 70 fieles, volvió seis años después con 10.000 seguidores dispuestos a cumplir con el rito del peregrinaje a la Kaaba. Mahoma aprovechó la ocasión para casarse con la mecana Abou Soffian. Poco después en 630 la Meca capituló y se convirtió al Islam. Mahoma procedió a destruir los ídolos y a dictar una amnistía general.

Dueño y señor de la mayor parte de la península, Mahoma concentró en su persona la doble condición de suprema autoridad religiosa y jefe político investido de poderes absolutos. Dictaba leyes, redactaba la Constitución, dispensaba justicia, cobraba impuestos, mandaba ejércitos, repartía botines y conducía la diplomacia. Fundó en suma un Estado Teocrático que sería la base del futuro imperio islámico y el modelo a seguir en años posteriores.

Tan fuerte y poderoso se llegó a sentir Mahoma que poco después de su triunfo en Medina envió cartas a los emperadores de Bizancio y Persia conminándoles a hacerse musulmanes. En el sura XCIII El Corán dice en una de las pocas referencias biográficas del profeta que el Señor te ha hallado huérfano, extraviado y pobre «y te ha enriquecido» (versículos 6, 7 y 8).

## VIDA SENTIMENTAL

Los triunfos militares y políticos de Mahoma transformaron su carácter. De esposo fiel y solícito de Jadiya, el Profeta se convirtió en gran admirador de las bellezas femeninas y virtual conquistador de mujeres. Oficialmente unos autores le acreditan nueve esposas legítimas sin contar las esclavas, pero hay autores que cuentan doce o quince consortes simultáneamente y añaden que hubo también simples concubinas. La tradición cuenta que dos de sus esposas fueron repudiadas antes de consumarse la unión. Alá le concedió la prerrogativa de casarse «con toda mujer fiel que haya dado su alma al profeta» (XXXIII-49).

Las hazañas sexuales de Mahoma son legendarias y a los ojos de los musulmanes no han empañado nunca su reputación de hombre perfecto. A la edad de 54 años se casó con Aisha, la hija de Abú Bakr, que tenía nueve años y tuvo que esperar varios años para consumar su matrimonio. Luego fue añadiendo esposas siempre con el consentimiento de ellas o de sus padres. Cuando alcanzó la cifra de nueve solía jactarse de poder hacer el amor con todas ellas en una misma noche. La tradición cuenta que blasonaba también de poseer un vigor sexual equivalente al de 40 hombres.

Un detalle interesante de la pluralidad de esposas de Mahoma es que casi todas eran jóvenes, bellas e inteligentes. Aisha intervendría activamente en la vida política del Islam y hasta cuestionaría la versión del *Corán* que el califa Uzmán decidió aprobar. Um Salma se quejaría de la parcialidad con que la historia y el *Corán* trataban a los hombres y Hind Bit se negaría a tomar un juramento de fidelidad absoluta diciendo que tras haber enviudado, «las mujeres libres no cometen adulterio».

Tampoco tuvo Mahoma prejuicios religiosos al escoger esposas o concubinas pues María era cristiana copta, Safia era judía y las demás eran antiguas idólatras recién convertidas o fieles de origen como Aisha.

El ejemplo de Mahoma fue seguido por tres de los cuatro califas que le sucedieron: Omar se casó siete veces, Uzmán ocho y Alí, a quien Mahoma había prohibido que tuviera otra esposa además de Fátima, tuvo diez esposas y 19 concubinas. Los actuales reyes de Jordania y Marruecos se consideran descendientes directos del Profeta.

No fueron sólo las mujeres las atracciones favoritas de Mahoma. Gustaba del oro y la plata y sentía predilección por los caballos briosos y los perfumes, pero no llevó nunca una vida de ostentación. Consideraba la poesía como indigna y no amaba la música, lo que explica que ésta no se toque en las mezquitas. Detestaba asimismo que se hablara en voz alta, sobre todo en su presencia («no levanteis la voz por encima de la del profeta» (XLIX-2). Según la descripción de su yerno Alí (incluida en el libro de M. Tabari) era un hombre de trato agradable, sonrisa cautivante, caminar enérgico y gran carisma, nada de lo cual le impidió cumplir celosamente con los deberes de su religión. A veces pasaba la mitad, un tercio o dos tercios de la noche orando. En Medina predicaba desde el jardín de su propia casa. Junto a las imprecaciones contra los infieles hacía hincapié en la rectitud del comportamiento, las buenas obras y el perdón de los pecados.

## SU OBSESIÓN CONTRA EL INFIEL

Más allá de sus aficiones, displicencias y fobias, Mahoma mostró siempre una profunda animadversión contra los infieles o no creyentes. Mahoma no era hombre que aceptaba fácilmente las críticas y mucho menos la impugnación total de sus creencias. Había en él una vertiente de vanidad o autocomplacencia que convertía en enemigos a los que eran simples discrepantes . Combatir a los que no le creyeran devino la gran motivación de su vida. No era sólo predicar la conversión de los infieles so pena de sufrir un duro castigo, era también la reiteración con que clamaba por el fuego eterno (III-112) y calificaba con los peores epítetos a sus adversarios. Quería que se les cubriera de oprobio (IX-2), les deseaba penas eternas, privaciones de todo tipo y al final «la mansión maldita». Les endilgaba los peores insultos y procuraba humillarlos y maldecirlos. Quien señaló que «todo el oro que puede contener la tierra no bastará para librarlos de un castigo cruel» (III-85), se esforzó por hacer buenas sus palabras. En ocasiones da la impresión que en el fondo no anhelaba la conversión del infiel sino que prefería dejarlos vagar confusos «en medio de su extravío».

La malquerencia de Mahoma con los infieles llega al extremo de prohibir a los creyentes tener amistad con ellos y de restringir al máximo cualquier tipo de relaciones que se pudiera tener con los no creyentes. ¿Y quiénes eran los odiados infieles para quienes prescribía el cautiverio, la muerte o el fuego eterno? Pues no eran sólo los idólatras de Arabia sino también «las gentes de las Escrituras» de cualquier parte del mundo y dentro de éstos el versículo 77 del sura V menciona en especial a los que creen en la Trinidad. Frente a ellos «Dios socorrerá al profeta sea cuales fueran los artificios de sus enemigos y a éstos no les restará más remedio que colgarse» (XXII-15). La pena de muerte figuró siempre en su arsenal punitivo.

## ALCANCE DE SUS PODERES

El poder terrenal que Mahoma ejerció en los diez años de su mando en Medina traspasa los siglos y se prolonga hasta nuestros días. Son todos los aspectos de su vida, la pública y la privada, los que plasmados en el *Hadiz* alimentan esa jurisprudencia o ciencia religiosa que los árabes llaman el *fiqh*. Es una forma más de la vuelta al pasado que penetra la religión islámica. La *Sharia* se aplica e interpreta hoy con los criterios de hace más de trece siglos. Son normas de convivencia que Mahoma impuso para una comunidad lejana y un tiempo remoto que los ulemas han investido de efectos ultraactivos. Se comprende que un dogma religioso adquiera valor supratemporal pero que una legislación, un sistema de gobierno y una escala de valores sean adecuadas para comunidades totalmente diferentes en épocas muy distintas rebasa los límites de la razón. A lo que habría que añadir la abundancia de referencias ambiguas, de dichos inventados o deformados con respecto a lo que el profeta o alguno de sus discípulos dijeron o hicieron.

Sus revelaciones de esta época adoptaron un sesgo más bien legislativo dirigido a regir el comportamiento social de sus fieles. Como se verá más adelante algunas se relacionan con intereses personales o aspectos sentimentales de la vida del profeta. Gobernante, soldado y líder religioso sus fuerzas se fueron agotando. En febrero de 632 Mahoma pronunció su último sermón ante una inmensa multitud congregada en el llano de Arafat cerca de La Meca. Regresó a Medina fatigado de su última peregrinación a La Meca. Dejó de hacer la ronda nocturna habitual de las habitaciones de sus esposas. Cedió también la dirección de las plegarias diarias a su leal compañero Abú Bakr. Ya había pasado las tres veintenas bíblicas cuando aquejado de dolores de cabeza y fiebres de origen desconocido (tal vez fiebre palúdica o pleuresía conjeturan los autores.) Mahoma murió en Medina el 8 de junio de 632 teniendo a su lado a Aisha, al parecer su esposa favorita; el profeta fue enterrado en el mismo lugar donde murió. A su muerte existían muchos fragmentos escritos por sus discípulos en hojas de palmera o en cerámica o en homoplatos de ovejas que fueron la base del *Corán*. Pocos personajes de la historia han logrado morir en la cima de sus poderes, ostentando la condición de soberano absoluto de su *umma* y máximo pontífice de la religión que él mismo había creado.

## EL VIAJE NOCTURNO

Mahoma nunca realizó milagros pero sí se involucró a sí mismo en una de las más fantásticas narraciones de que se tienen noticias. Se trata de la visión que Mahoma tuvo una noche del viaje a Jerusalén. Montado en un caballo alado llamado Buraq que tenía cara de mujer, cuerpo de caballo y cola de pavo real se trasladó al Monte del Templo en Jerusalén. Al desmontar del caballo alado fue recibido por Abrahán, Moisés, Jesús, David y Adán. Tomó un vaso de leche y el arcángel Gabriel le indicó que el vino estaba prohibido.

Montado de nuevo en Buraq viajó al paraíso y fue atravesando los espacios ultra terrestres. Le acompañaba como guía Gabriel «cuyas alas iban de horizonte a horizonte». Recorrió las siete capas del cielo. Fue acogido por Adán y los demás, quienes le trataron como hermano. Llegó al primer cielo tras el cual estaba Dios. Allí en el Lote 3 Dios lo recibió en audiencia especial en el curso de la cual le dio la orden de rezar 50 veces al día pero luego en el descenso Moisés le aconsejó que negociara una reducción del número de oraciones, cosa que logró, primero a 25 y después a 5. Aterrizó en Jerusalén y de allí a toda velocidad regresó esa misma noche a la Meca. En materia de prodigios y cosas sobrenaturales el viaje nocturno deja atrás a las más encendidas obras de la imaginación.

La narración del viaje sideral tiene además un fallo grave no obstante su inserción en *El Corán*. Es dudoso que el Templo de la Montaña existiera en tiempos de Mahoma; dos veces había sido destruido, la primera por Nabucodonosor en 587 A.C. y la segunda por el emperador Tito en el año 71 D.C. El tercer templo fue reconstruido en el 691 más de medio siglo después de la muerte del profeta. ¿Sería otro el templo visitado? Había varios templos famosos en Jerusalén:

el Templo de Herodes, el de Salomón, el de Augusto, el de la Montaña que puede o no ser el mismo que el Templo Cercado. *El Corán* no indica el nombre del templo; habla sólo del «templo lejano de Jerusalén» (XVII-1).

Otros relatos del profeta parecen también frutos de una cálida imaginación. Cabe mencionar por ejemplo su descripción de la batalla del Valle de las Hormigas en la que su ejército incluía aves o la transformación de los judíos por orden de Alá en cerdos y monos. O la batalla de Tabuk que según la tradición islámica dio lugar a la caída del Imperio Romano.

La experiencia de Mahoma se opone a la creencia hebraica de que Dios no se dejaba ver por un ser humano sin que éste muriese en el acto. En esa tradición Dios se comunicó verbalmente con Adán, Moisés, Abrahán y otros pero ninguno lo vio.

Tan ello fue así que en los primeros tiempos tendió a predominar la idea de que el viaje nocturno fue una visión de Mahoma, no un hecho real. En apoyo de esta tesis se pronunciaron Aisha y el quinto califa Muyawiga. Más tarde los antecesores de los fundamentalistas de hoy resucitaron la idea de que el viaje y su ascensión al cielo fueron hechos reales. Se trata en todo caso de la única experiencia *visual* que los fieles más ardientes acreditan al profeta; las demás fueron *auditivas*.

# CAPÍTULO VI
# *EL CORÁN*

**REVELACIÓN VERSUS CREACIÓN HUMANA**
La ortodoxia musulmana sostiene que *El Corán (al Qur'an)* es una revelación o una serie de revelaciones que el arcángel Gabriel trasmitió a Mahoma. El profeta se limitó en *El Corán* a recitar «lo que Gabriel le había dicho». El Libro se afirma, no fue inventado; «su revelación es indudable» (XXXII- 1 y 2). *El Corán*, dice el sura LXXXI es «la palabra del enviado ilustre». En la lengua árabe Corán significa recitación o lectura.

Para los musulmanes *El Corán* representa la palabra divina, el libro que sirve de guía espiritual para todos los tiempos y todos los pueblos. No solamente trata de cuestiones religiosas sino que pretende regular todos los aspectos de la vida: la vida social, el comercio, el matrimonio, el divorcio, la herencia, las leyes penales y las relaciones internacionales. Además de contener cánones y disposiciones eclesiásticas *El Corán* pretende ser un código omnicomprensivo de leyes que cubren las más diversas materias.

Mahoma estaba durmiendo en una cueva del Monte Hira cuando el arcángel se le apareció mostrando una tableta con inscripciones y le dijo: ¡Recita! Como el profeta no sabía qué hacer el arcángel repitió otras dos veces su mensaje que hoy figura en las primeras cuatro líneas del capítulo 96 (sura XCVI) del *Corán*: «Lee en nombre de tu Señor que lo ha creado todo- Que ha creado al hombre de sangre coagulada- Lee, pues tu Señor es generoso- Él es el que ha enseñado al hombre a servirse de la pluma. Ha enseñado al hombre lo que el hombre no sabía».

Ni Mahoma pudo leer el texto ni el arcángel le dio copia alguna del mismo. La revelación quedó así confiada a la memoria de Mahoma suponiendo que Gabriel le trasmitiera oralmente la revelación más larga de la historia. Al profeta habría que acreditarle entonces una memoria prodigiosa capaz de retener las 77,934 palabras que integran *El Corán*. Es ese hecho el que ha movido a algunos incrédulos a cuestionar la autoría divina del Libro Sagrado de los musulmanes y a sostener que fue el mismo Mahoma el que lo concibió y divulgó.

Hay que reconocer, por otra parte, que Mahoma nunca se proclamó autor del *Corán*. Al contrario, expresamente se excusa de ello atribuyendo su autoría a Dios, señor del universo (XXX- 1 y 2). El profeta previó en todo caso que su historia de la revelación no iba a ser creída por todos y se apresuró a decir en varios suras que él no inventó *El Corán* y a protestar en otros que él no mintió. Reitera asimismo que él no era un iluminado ni un demente y pide rechazo para «los que tratan las revelaciones de mentiras» (LXVIII-8). Pero en el sura LXXV dice enigmáticamente «te leemos el Libro por boca de Gabriel» y «a nosotros nos toca darte luego la explicación» (18 y 19).

Esa primera revelación, alucinación o visión data del año 610. Veinte y dos años más tarde ocurre según la creencia islámica una de las últimas revelaciones contenida en el sura V-5: «Hoy he perfeccionado vuestra religión y he llevado al colmo daros mis beneficios para vosotros. Me ha complacido daros el islamismo por religión».

Entre una y otra revelación se sucedieron muchas manifestaciones alegadamente sobrenaturales o atribuidas por Mahoma a Dios. Los eruditos musulmanes alegan saber cuándo, dónde y bajo qué circunstancias fue revelado cada versículo. Ardua empresa ésta de ordenar en sentido lineal un texto que coloca en el capítulo 96 la primera revelación y en el quinto una de las últimas. Se aduce como explicación que el profeta solía indicar el lugar de cada revelación, lo cual es cierto pero también lo es que omitía señalar la fecha de cada una. En realidad, los versículos del *Corán* fueron fluyendo al compás de las ocurrencias en la vida del profeta.

Carente pues de ordenamiento cronológico o de verdadera sistematización, algunos sabios islámicos sostienen que *El Corán* tiene una estructura reticular, es decir de tipo redecilla. Esta explicación lo que hace es darle un nombre elegante a la difícil comprensión que en verdad caracteriza su contenido. Para el no creyente *El Corán* constituye un texto a ratos confuso, repetitivo y difícil de comprender.

Investigadores acuciosos han llegado a identificar a las personas que mayor influencia tuvieron en trasmitir conocimientos religiosos a Mahoma. Además de los mencionados en el capítulo IV, fueron Djebr-er-Rumi, esclavo griego de Amir de Hadramaut y un monje cristiano esotérico llamado Buhaira. Fue también en sus contactos con Siria que se familiarizó con el cristianismo y supo de la vida de Jesús. Es probable que haya tenido conocimiento también de los evangelios apócrifos como el evangelio de Bernabé y también de otros textos no incluidos en la Biblia, como el Libro de los Jubileos. Supo también de los textos canónicos pero fueron éstos los que modificó según su interés en reinventar la doctrina cristiana.

## LA COMPILACIÓN

A la muerte de Mahoma no existía documento válido alguno que hiciera referencia al conjunto de sus alegadas revelaciones. Circulaban en cambio varias versiones del *Corán* representadas por fragmentos dispersos escritos en pergaminos por diferentes amanuenses. Abundaban también los recitadores y memorizadores de lo que ellos afirmaban habían oído decir al profeta. Reinaba así una gran incertidumbre y se corría el riesgo de interpolaciones y faltas de autenticidad.

Frente a esa situación y a la vista de los textos existentes fue que el primer califa Abu Bakr intentó efectuar una primera compilación a cuyo efecto encargó a uno de los secretarios de Mahoma, Zaid ibn Thabit, la realización de la ardua tarea. Zaid no pudo completar la misión pero sí dejó varios códices escritos que a su muerte quedaron en manos de Hafsa, una de las viudas del profeta.

Fue sobre la base de esos códices y de los otros textos que en 650 el califa Uzmán decidió establecer la versión definitiva. Se siguió el criterio del tamaño de los suras y probablemente se procedió a expurgar el texto de las interpolaciones y errores más visibles.

La tarea resultó harto difícil para los compiladores que no tenían al parecer la preparación o la experiencia necesarias para llevar a cabo la obra encomendada. El resultado fue un texto un tanto oscuro, ordenado conforme a criterios que pudieran calificarse de arbitrarios o fortuitos. En vez de ordenar los capítulos según la materia o siguiendo pautas lógicas se prefirió catalogarlos siguiendo una norma de longitud decreciente: los capítulos más largos al comienzo y los más pequeños después. O bien el material a su disposición era tan variado e inconexo que no podía ser sistematizado de otra manera o bien optaron por la solución más fácil. Con excepción del sura I que sí se justifica colocarlo al frente, los demás se presentan en forma atropellada desde el sura II que tiene 286 versículos hasta el 114 (CXIV) que tiene sólo seis. El respeto a la cronología está ausente pues el sura II fue dado en Medina y el último en la Meca. La lógica no parece tampoco haberse acatado pues en un mismo sura y a veces en un mismo versículo se mezclan loas y anatemas, preceptos mundanos y cosas ocultas, ataques a los idólatras y críticas a judíos y cristianos.

¿Por qué el sura en el que Gabriel le dice a Mahoma que lea el mensaje de Dios, sura XCVI, que fue el primero revelado aparece hacia el final del libro? Ya antes de su codificación final el propio profeta reconocía que su libro no era fácil de leer y sugería que algunas personas leyeran sólo «lo que os sea menos penoso» (LXXIII- 20).

Nada de lo anterior obsta a reconocer que *El Corán* contiene también bellas alegorías y profundas reflexiones. Algunos pasajes pasan de lo pedestre a tener la fuerza de una elegía. Hay así contrastes entre oraciones de indudable elocuencia con otras que parecen escritas por un «poeta loco», como decían los críticos de la Meca.

## CONTENIDO

*El Corán* se caracteriza ante todo por su extensión. Consta de 114 capítulos o suras, 86 dados en la Meca y 28 en Medina. Algunos suras son muy extensos, el II por ejemplo tiene 286 versículos, otros sólo tres o cuatro para un total de 6.200 versículos y unas 78.000 palabras. (Sépase por vía de comparación que la Biblia tiene cerca de 800,000 concebidas en varias épocas por distintos autores). El libro del Islam pretende ser un mensaje divino así como un recordatorio de anteriores mensajes de Dios. Su texto es a la vez extremadamente simple y sumamente complejo.

El tamaño del *Corán* se explica por su pretensión de cubrir todos los aspectos divinos y humanos que el profeta o su inspirador consideraban importantes. En él se trata de las cualidades y poderes de Alá, de su condición de creador único de cielos y tierra, de las características del pueblo árabe y de la historia de otros pueblos.

Hay referencias a la rectitud, la castidad y la conducta intachable junto al señalamiento de los defectos del hombre, su ingratitud, su inconstancia, su infidelidad. Hay castigos contra las acciones infames y hay recompensas para los justos. Son constantes los preceptos relativos a Dios, la profecía y la revelación. Se cuentan alrededor de 250 versículos de tipo legislativo referentes a la vida en sociedad.

Aunque *El Corán* contiene preceptos de moral y ética su efectividad se diluye en medio del enjambre de versículos relativos a las más diversas cuestiones: reglas de urbanidad, consejos bélicos, normas sobre sacrificios de animales, formalidades litúrgicas, asuntos triviales y designación de meses sagrados. Sólo una prosa exuberante y desbordada podía hacerse cargo de tantas diversas materias.

## ALCANCE DE SUS PRECEPTOS

Aunque el Islam nació con aspiraciones a esparcirse por todo el mundo, son sus mismos textos básicos los que tienden a malograr ese propósito. Dichos textos contienen en efecto frecuentes referencias a los guerreros del desierto, a los viajeros del desierto, a los árabes nómadas y a las caravanas que cruzan el desierto; el paraíso se describe en esos mismos textos como un esplendoroso oasis y es notable el énfasis con que se afirma que *El Corán* es un libro árabe. Y no faltan desde luego las que se aplican a «los hombres» habitantes de la Meca y Medina. Se percibe así un trasunto de sabor local que conspira contra el principio de la universalidad.

Mahoma no se limitó por otra parte a prescribir reglas de índole religiosa sino que las enlazó con una forma de gobierno que aspira a regular todos los aspectos de la existencia desde el tamaño de la barba de los hombres y la forma de vestir de las mujeres hasta el modo de repartir herencias y las condenas del Juicio Final. Esa amalgama de preceptos religiosos con reglas de la vida terrenal no siempre ligados con la rectitud del comportamiento responde a la convicción que muchos musulmanes tienen de que sólo un gobierno teocrático puede asegurar la aplicación de sus principios. Comentaristas y sabios del *Corán* estiman que los problemas del cristianismo nacen del error cometido según ellos por Jesucristo al separar la Iglesia del Estado en su admonición sobre el tributo al César: (San Mateo (15-21): «dad al César lo que es del César y a Dios lo que es de Dios»). Esa admonición de Cristo fue por lo demás ratificada por San Pablo en su primera carta a Timoteo en la que ruega a los cristianos que hagan oraciones, plegarias, súplicas y acciones de gracia por todos los hombres y en particular por las autoridades a fin de que sea posible adorar a Dios en paz y con el respeto debido. En el pensamiento de Mahoma en cambio el denario tiene una sola cara y todo se le debe a Alá.

En su empeño de cubrir *ad libitum* reglas del comportamiento social el Islam rebaja la categoría de su llamado Libro Divino haciéndole decir minucias y prescribiendo reglas para asuntos triviales. Decir que es bueno comer ajo o lavarse los dientes después de comer son consejos propios de un recetario de cocina o de un manual de buenos modales pero no deberían tener cabida en un libro que se dice divino. Tampoco es propio de esta clase de libro incurrir en contradicciones o describir con todos sus pelos y señales cómo sacrificar camellos: «deben permanecer en pie sobre tres pies atados por el cuarto; cuando la víctima ha caído comed de ella y dad al que se contenta con lo que le dan así como al que pide» (XXII-37). Contra cristianos y judíos se lanzan múltiples veces las más terribles condenas pero hay también pasajes que parecen perdonarlos, o mejor indultarlos si se arrepienten.

En materia de teología *El Corán* es a la vez prolijo en palabras y más bien escueto en substancia. El centro de su doctrina consiste en una exaltación del monoteísmo que consiste en una constante repetición del nombre de Dios (1.286 veces solamente en *El Corán*) y en una prolija referencia a sus poderes (*El Corán* le asigna 99 títulos distintos). El credo islámico enfatiza en particular el temor a Dios y contiene frecuentes alusiones a la *gehena* (infierno) que se describe a menudo como «una horrible mansión». Dios dispone castigos pero también promete recompensas.

## ANÁLISIS CRÍTICO

El problema principal de la revelación estriba en que a pesar de sus muchos apologistas *El Corán* no es una obra perfecta como debiera ser toda creación de Dios. El libro contiene por el contrario no menos de 200 contradicciones, muchas divagaciones inútiles, incontables repeticiones, 24 errores gramaticales, numerosas ambigüedades y una buena dosis de errores históricos. Son muchos fallos para un libro que los musulmanes consideran divino, infalible, «el libro que no ofrece duda» (II-1), «una advertencia para el universo» (XXXIX-87).

A los árabes se les presenta unas veces como gente de grandes valores y otras como «los más empedernidos en su infidelidad y su hipocresía» (IX-98). Varios versículos revalidan la Ley del Talión pero el V-31 pone en boca de Abel las siguientes palabras: «aunque extendieses tu mano para matarme yo no extendería la mía para quitarte la vida». Hay versiones diferentes sobre la creación del universo: según una fue hecho en dos días, según otra en seis. En el sura II se dice primero que Dios elevó los profetas a los unos por encima de los otros (vers. 254) pero más adelante en el 285 se lee lo siguiente: «no establecemos diferencias entre los enviados de Dios».

Unas veces el Día de Resurrección ocurrirá en 1.000 años, otras había que esperar 50.000. Una misma frase se repite docenas de veces. Y hay un sura el LV que tiene 26 etcéteras. Aun más importantes son los errores históricos indicativos de un escaso conocimiento de la historia sagrada. Algunos ejemplos bien significativos: 1) que la Virgen María (Mariam en árabe) forma parte de la Trinidad o es hermana de Moisés; 2) el desconocimiento o confusión sobre el lugar de nacimiento de Jesús; 3) la invención relativa a que fue otro y no Jesús el que murió en la cruz; 4) el enredo de citar como Primer Ministro del Faraón al que lo era de Babilonia; 5) que Abrahán iba a sacrificar a Ismael, no a Isaac, y 6) que Jesucristo predijo la venida de Mahoma.

Aun pueden citarse más incongruencias: el cielo fue creado después de la tierra en un versículo pero sucedió al revés en otro. Unas veces los infieles proclamarán sus pecados en el Día del Juicio Final; otras dice que tratarán de ocultarlos. No existe correspondencia alguna entre el título de la mayoría de los suras y su contenido.Un versículo dice que antes de Mahoma Dios no nos había dado ningún libro ni enviado ningún apóstol (XXXIV-43) pero otro habla del «libro de Moisés» (XLVI-11) y son frecuentes las referencias a los profetas que le precedieron (Abrahán, David, Adán, etc.)

Hay asimismo versículos que son abrogados y otros que se prestan a interpretaciones diferentes. Uno solo relativo a las mujeres tiene 29 lecturas posibles. Un mismo nombre (Imrán, por ejemplo) puede aludir a diferentes personajes bíblicos o históricos. En un versículo se trata del sol y de la luna y acto seguido se pasa a hablar del ajuste de la balanza para evitar fraudes al consumidor. Abundan también las digresiones como es el caso de la historia de José que sin motivo válido llena los 111 versículos del sura XII.

Más graves son por supuesto los anacronismos en que incurre *El Corán*. Se mezcla por ejemplo a Moisés con acontecimientos ocurridos después de su muerte, como fue la toma de Jericó o se hace entrar en el Arca de Noé a «todos los que han creído» lo que no se compadece con el Génesis. O bien Mahoma no escuchó bien el mensaje del arcángel o bien como apuntan algunos comentaristas son errores que muestran escasos conocimientos. A Dios le adjudica las cualidades más maravillosas y tal vez agotada su imaginación o falto de adjetivos le llama a veces «instruido», otras «sutil», otras «tramador de intrigas», otras «rápido en sus cuentas» y otras «vengativo y poderoso».

Otro problema serio de la revelación en *El Corán* está en que en muchos casos su contenido no fue el producto de una manifestación espontánea de Dios o el arcángel sino el resultado de una petición expresa o tácita del profeta. Unas veces porque éste encaraba una situación difícil para la que no tenía la manera de superarla; otras porque uno o varios creyentes le acosaban con preguntas para las cuales no tenía respuesta inmediata. Aparecen así los preceptos o recomendaciones que vienen con retraso a la mente del profeta. La ortodoxia islámica sostiene que ese es el período que demoraba recibir la inspiración divina. Pero también pudiera tratarse del período de reflexión que Mahoma necesitaba para elucubrar una solución viable o una respuesta adecuada. No sólo se trataba pues de revelaciones «sur demande» sino de verdades ocultas o secretas que se descubren por medios humanos.

## LA ÚLTIMA REVELACIÓN

No es sólo que los musulmanes insistan en atribuirle a Dios la autoría del *Corán* a pesar de que son muchos los autores que insinúan otras posibles causas de su creación. Tampoco se limita la postura firme de los seguidores de esa religión a afirmar que el texto original de ese libro está en el cielo. Lo más trascendente de esa creencia es la insistencia con que afirman que *El Corán* no solamente es una revelación sino también la última revelación, la definitiva, la inapelable. Tras *El Corán* Dios se calla. A pesar de ser omnisciente y omnipotente el mandato del *Corán* lo torna mudo y mudo para siempre. No obstante ser sabio, prudente y benévolo el Islam lo reduce al silencio; su inspiración se agotó en *El Corán*. El ser todopoderoso que lo ha creado todo «sin sentir el menor cansancio», de repente pierde sus fuerzas. El Dios benévolo que se asignó la interminable tarea de cuidar de todos, ahora se desentiende de su grey. El Dios de palabras innumerables que según *El Corán* «el mar se agotaría antes que las palabras de Dios» (XVII-169) confiesa no tener ya más palabras luego de las que trasmitió» a Mahoma. Quien creó los cielos y la tierra sin columnas visibles, quien reveló el Libro que Moisés llevó «para hacer de él la luz y la guía de los hombres» (VI-91) se autodeclara impotente para advertir posibles desviaciones de quienes son por naturaleza suceptibles de error.

Toda aquella larga serie de incongruencias únicamente serían explicables si descartando la tesis de la revelación divina se postulara que *El Corán* fue obra de seres humanos. Hay algunas indicaciones de ello en el texto mismo de ese libro y tal vez la más significativa sea la contenida en el sura V, versículo 5, en el que Mahoma hablando en primera persona declara sin resguardos ni mitigaciones:

«He perfeccionado vuestra religión... me ha complacido
daros el islamismo por religión».

No es pues el Creador, no es el Dios todopoderoso, clemente y misericordioso el que dio vida al Islam. Sería el profeta Mahoma el que lo hizo y así lo declara en Medina sintiendo cercano el fin de sus días. Según los chiitas estos versículos fueron dados el día en que Mahoma junto al estanque de Khom decidió culminar su misión confiando a su yerno Alí la investidura de Imán. Y desde luego que para la causa de su glorificación conviene que tras su muerte no hubiera más revelaciones que modificaran o disminuyeran el valor de sus palabras.

## El PAPEL DEL ARCÁNGEL GABRIEL

Si Mahoma fue un simple trasmisor de lo que le reveló el arcángel Gabriel ¿qué dice *El Corán* de éste último? Una docena de veces Gabriel es mencionado en *El Corán*, una veces como «el enviado ilustre», o «el espíritu fiel», otras como «el fuerte, el vigoroso» que comunica la revelación a Mahoma, otras como «el que depositó en el corazón de Mahoma el libro destinado a confirmar los libros sagrados» y por fin otras se le identifica con el Espíritu Santo. Esta última indicación que es probablemente la que más se acerca a la tesis de la revelación no fue dada en los primeros suras fechados en la Meca sino en otro dado en Medina muchos años después. Entre uno y otro sura hay otras vagas referencias al arcángel que le asignan un «role» muy distinto al del autor del *Corán*. Se dice en uno que el arcángel fue traído para dar firmeza a los creyentes y en otro para prestar asistencia. El hecho de que además el relato cambia a menudo de narrador y lo pone unas veces en labios de Dios, otras del Espíritu Santo, otras del profeta, otras del impersonal Libro y aún en otra se usa el pronombre «nosotros», conduce a la confusión y la duda. Estos cambios repentinos de narrador se producen a veces en un mismo versículo.

¿No es extraño por otra parte que un humilde hijo analfabeto del pueblo árabe, criado como beduino y ocupado después como caravanero haya podido componer un texto tan ambicioso, complejo e incluso elegíaco como *El Corán*? La cuestión queda abierta a toda suerte de conjeturas.

## LOS DESTINATARIOS DEL *CORÁN*

Aunque el Islam nació con aspiraciones a esparcirse por todo el mundo son sus mismos textos básicos los que contradicen y tienden a malograr ese propósito. Dichos textos dirigen muchos de sus mensajes nominativamente a los guerreros del desierto, a los viajeros del desierto, a los árabes nómadas o a los habitantes de lugares específicos. El propio Mahoma lo dice en el sura XXXIX, versículo 29: «Este libro es un libro árabe cuya palabra no es tortuosa, a fin de que los hombres teman a Dios». Otro versículo le da una proyección aún más estrecha al decir que la revelación se dirige a «la madre de las ciudades» que para él era la Meca (XLII-5). Y en esa misma dirección otro versículo indica que el Libro fue concebido «como una herencia a aquellos de nuestros servidores a quienes nosotros mismos hemos elegido» (XXXV-29). Todo lo cual sugiere un círculo bien ajustado de destinatarios.

*El Corán* usa repetidamente la expresión «¡Oh hombres»! que muchos comentaristas creen se refiere a los naturales de la Meca y Medina. También dice más de una vez que Mahoma es el profeta de un pueblo que no había tenido otro profeta antes de él, lo que le imprime la categoría de profeta local o nacional pero no de toda la humanidad. Se percibe así un trasunto de sabor local que –conviene reiterarlo– conspira contra la pretensión universal.

A esos destinatarios escogidos Mahoma les llama pueblo excelente y nación intermediaria. Lo que significa, según los exégetas, que los árabes no incurren en excesos y que los vicios de los demás pueblos son mitigados en el caso de los árabes por una moderación innata. Esta interpretación daría a Mahoma una caracterización de tipo chauvinista, cosa que otros comentaristas juzgan impropia. Se estima así más correcta la calificación de nación intermediaria «a fin de que seais testigos frente a frente de todos los hombres» (II-137). En rigor, sin embargo, no son todos los hombres y mujeres, pues a éstas se les menciona relativamente poco y respecto a los primeros son solo los creyentes aquellos a quienes Dios está dispuesto a guiar (II-209).

La evolución histórica apunta, sin embargo, en favor de la proyeccción global. Fueron los propios exégetas del *Corán* los que se encargaron de disipar dudas e interrogantes ampliando el círculo estrecho de sus destinatarios hasta convertirse en religión transnacional. No será *El Corán,* sin embargo, el que defina en rigor la cuestión. Su lenguaje se torna al final (XXXIII-72) críptico y llega a decir que «el depósito de la fe se propuso al cielo, la tierra y las montañas pero ellos rehusaron. El hombre se encargó entonces de ello pero se tornó injusto e insensato».

Esas palabras oscuras y la insistencia con que *El Corán* separa fieles e infieles, árabes y gentes de otra raza volvieron a plantear la cuestión. Serían de nuevo los comentaristas más ilustres los que se ocuparían de conciliar las ambiciones globales con las circunstancias locales de sus orígenes. Yendo aún más lejos afirman hoy que *El Corán* no solamente se aplica a todos los humanos sino también al reino animal y a los *jinns.* Su texto revoca todo lo anterior y cierra la puerta a cualquier revelación posterior. No hacen falta pues gobiernos ni organizaciones de la sociedad civil como las que se ocupan de la protección de los animales o la ecología. Todo está resuelto y para siempre en *El Corán.*

La interpretación originaria dejó sin embargo su impronta en el carácter de la religión islámica. La influencia del desierto en el contenido del *Corán* se advierte en las disposiciones que conciernen a la ayuda a los viajeros, el asalto a las caravanas, el reparto del botín, la instauración de una poligamia a la que tal vez puedan atribuirse raíces demográficas y los privilegios que se confieren a los guerreros del desierto incluyendo el de matar y mentir en sus tratos con los infieles.

Para sus destinatarios primigenios Mahoma revalida la Ley del Talión y les asigna un compromiso que Dios no revocará jamás. «Un hombre libre por un hombre libre, un esclavo por un esclavo, una mujer por una mujer» (II-173). «En la Ley del Talión está vuestra vida» (II-175). Nada de perdones u olvidos, nada de ofrecer la otra mejilla como Cristo predicó (San Mateo 5-39), nada de ser compasivos como dice San Lucas (VI-27-38), nada de dar la túnica al que te la pide, y mucho menos amar al enemigo y orar por los que te persiguen. El amor al prójimo se esfuma o en el mejor de los casos queda mutilado para los seguidores del Islam.

Es el mismo profeta quien se solaza en repetir: «alma por alma, ojo por ojo, nariz por nariz, oreja por oreja, diente por diente. Las heridas serán castigadas por la Ley del Talión» (V-44). Es un mensaje de odio y revancha que el profeta se refocila en detallar a sabiendas de que es más fácil de propagar que cualquier precepto de amor y compasión. A los guerreros se les autoriza a ejercer represalias sin límite alguno, sin consideración a las que serán después las normas humanitarias de la guerra. A todo lo cual Mahoma añade una prescripción relativa a la religión que es discriminatoria además de discutible: el esclavo creyente que asesine a un hombre libre que sea infiel no debe ser condenado a muerte. Y completa su lista de prerrogativas autorizando a los que luchan contra los infieles a cometer acciones impropias.

## EL PARAÍSO Y EL INFIERNO VISTOS POR *EL CORÁN*

El cielo y el infierno son desde luego parte esencial de la teología islámica. *El Corán* hace constantes referencias a ambos y las descripciones que de uno y otro hace presentan los más subidos tonos. El paraíso se describe como un oasis esplendoroso bien surtido de cursos de aguas cristalinas y de inefables delicias. Del infierno dice *El Corán* que es una horrible mansión de suplicios eternos. El tamaño del paraíso, sigue diciendo dicho libro, es de una extensión igual a la del cielo y la tierra. En cuanto al infierno dice *El Corán* que tiene espacio para que Dios lo llene de hombres y de genios a la vez (XI-120).

Dos elementos caracterizan al paraíso islámico: el agua y las mujeres. Son incontables las veces que *El Corán* cita aspectos relacionados con el agua: ríos, arroyos, jardines, fuentes vivas, copas llenas de agua límpida, verduras, frutas deliciosas, dátiles y palmeras y bebidas de toda clase. Evidentemente que para atraer habitantes del desierto no podía haber definición más bella del paraíso. Para esos creyentes a los que el Islam prohibía el consumo de alcohol el paraíso les brindaría ríos de vino junto a otros de leche y miel.

Al ambiente sereno y feliz del paraíso islámico parecía necesario añadirle algunos toques de sensualidad y ello lo proporciona la presencia de mujeres especialmente atractivas. Todas las citadas en *El Corán* son bellas (las feas no tienen al parecer fácil acceso al Jardín del

Edén), pero algunas lo son de manera particular. Se trata de las reservadas a los que mueren en el sendero de la fe, es decir a los mártires. A ellas *El Corán* las describe como vírgenes de grandes ojos negros, mirada modesta y eterna juventud (véase por ejemplo el versículo 72 del sura LV). Para los otros candidatos al paraíso el mismo *Corán* les promete mujeres «iguales a ellos en edad» (XIII-23) que aunque son también de mirada modesta no corresponden al prototipo de bellezas que además de grandes ojos negros, senos turgentes y esbeltas figuras, reúnen otros atractivos.

¿Y quiénes serán llamados a gozar de esas inefables bienandanzas? Los futuros usufructuarios son de varias categorías para cada una de las cuales habrá aparentemente distintos paraísos. Primero figuran los simples creyentes más o menos piadosos que «borran sus faltas con las buenas obras». Les siguen los que además de creer observan la oración y dan limosnas (IV-660). En un plano más elevado figuran los musulmanes justos y virtuosos identificados con esas palabras en algunos pasajes del Corán. La categoría más alta corresponde a los que dieron su vida luchando por Alá y su profeta, los que mueren en la senda recta del deber. Serán al parecer estas dos últimas categorías las que en el Día del Juicio «se entregarán a transportes de alegría».

En el paraíso revelado a Mahoma no se sentirá el calor del sol ni el frío glacial (LXXVI-13). Sus ocupantes vestirán trajes de seda o satín, lucirán brazaletes de oro y piedras preciosas y tendrán a su disposición cubiletes llenos de rosas. Y a los hombres que sacrificaron sus vidas por el Islam las huríes les esperan «bajo sombras deliciosas».

Frente a esa vida colmada de placeres *El Corán* se refiere al infierno con inflexiones igualmente vívidas. En esas referencias la palabra clave es el fuego. Fuego eterno, fuego ardiente, brasas encendidas, mansión del fuego, guardianes del fuego y doble castigo del fuego (VII-36) son algunas de las expresiones usadas en *El Corán* con respecto al infierno. Asimismo de uso frecuente son la horrible mansión y la *gehena*, palabra que viene del hebreo y significa infierno de los condenados.

Más de una vez *El Corán* le da carácter eterno a las delicias del paraíso y a los suplicios del infierno. Sin embargo, el versículo 128 del sura VI y el 109 del XI señalan que Dios puede conmutar las condenas eternas; no es dable discernir si ello incluye también a los que *El Corán* condena de modo específico como son los culpables de usura (II-276) y los réprobos (III-82).

## EL CORÁN Y LA VIDA SEXUAL

Dos aspectos de la cuestión sexual merecen destacarse desde el comienzo. El primero es el enfoque detallado que *El Corán* utiliza para establecer una regulación complementaria del sexto mandamiento del Decálogo. Más de 20 versículos del sura XXIV son dedicados a la exhortación a la pureza y a la moderación de las pasiones. *El Corán* manda que se observe continencia por hombres y mujeres e impone tácitamente la vía del matrimonio para la satisfacción del deseo sexual. Aunque la palabra continencia tiene dos significados y uno de ellos es similar a abstinencia, es interesante notar que *El Corán* haya optado por no utilizar esta última palabra que es de inequívoco significado. Es asimismo interesante que en el caso de las mujeres se haya acompañado la continencia de otras restricciones que no se aplican al hombre. A éste se le concede el derecho a la poligamia mientras que a la mujer se le niega el de la poliandria. Las penas previstas para el adulterio son mucho más rigurosas cuando se refieren a la mujer.

El llamado Libro Divino es en efecto particularmente cruel con la mujer culpable de infidelidad. Primero se le castiga con 100 latigazos y si cuatro testigos corroboran la acción infame se les encerrará «hasta que la muerte la lleve o hasta que Dios les procure algún medio de salvación» (IV-19). Los testigos tienen que aseverar que vieron la penetración del pene en la vulva de la mujer. La *Sharia* eleva la pena de muerte de la mujer adúltera a muerte por lapidación mientras que del adulterio de los hombres se dice en el *Hadith* que es cosa fea y se dispone en la *Sharia* la pena de 100 latigazos para los no casados y un castigo mayor para los casados. En los comienzos del islamismo se emparedaba a la mujer adúltera. *El Corán* prescribe, sin embargo, que no se aplicará pena alguna a la mujer que jure cuatro veces ante Dios que no ha mentido (XXIV-8).

Aunque el profeta autoriza a sus creyentes a que «os caséis entre las mujeres que os gusten más que con dos, tres o cuatro», no parece fácil dadas sus prescripciones vestimentarias que los hombres acierten en escoger la o las mujeres que más le gusten. En el sura titulado «La Luz» Mahoma ordena que «las mujeres no dejen ver sus adornos más que lo que está en el exterior, que cubran sus senos con un velo, que no dejen ver sus encantos más que a sus maridos o a sus padres o a los padres de sus maridos o a sus hermanos o a los hijos de sus hermanos, a los hijos de sus hermanas o a las mujeres de éstos o a sus esclavos o a los criados varones que no necesitan mujeres o a los niños que no distinguen todavía las partes sexuales de las mujeres». Dispone asimismo que «las mujeres no agiten los pies de manera que dejen ver sus encantos ocultos».

Todavía hoy algunos países islámicos siguen observando la práctica de la mutilación del clítoris de la mujer. No solamente se procura preservar así la virginidad sino que se impide a la mujer el goce de los placeres sexuales que en su caso se consideran pecaminosos. La mutilación se lleva por lo general a cabo sin anestesia, puede provocar hemorragias y envenenamiento en la sangre. Se le trata de justificar alegando el carácter inmundo de ese órgano sexual.

A Mahoma Alá le ofreció varias mujeres, tanto casadas como solteras, libres o esclavas. A los demás hombres de su época se les prohibió casarse con las mujeres con las que el profeta hubiere tenido comercio y si alguna de estas últimas le fuere infiel *El Corán* prescribe el doble de las penas previstas para otras mujeres adúlteras.

Al profeta su propio Libro Sagrado le concedió el privilegio de tener varias mujeres legítimas de muy distinta extracción, sin contar las esclavas que tenían la condición de concubinas. El grupo incluye a la viuda del jefe de la tribu judía vencida por Mahoma, a la esclava que le fue regalada por el Gobernador de Alejandría, a su nuera Zenobia, a Aisha la hija de Abu Bakr, a Safiyah, Mayhimaene, Juwairiyad, Umn Habishba, Sawarda y Hafsa entre otras. El ejemplo poligámico del profeta es considerado como obligatorio para los imanes reputados de ser sus sucesores o seguidores ilustres.

Pero hay también otros musulmanes que optan por una versión amplia de la poligamia. Como se indicó en el capítulo I el padre de Osama bin Laden, Mahoma bin Laden, por ejemplo, tuvo 54 hijos de 22 mujeres distintas. Osama es el número 17 de esa larga prole. No se quedó atrás el sultan otomano Murad a quien se le creditán 130 hijos.

Aunque la homosexualidad es condenada, poco se dice en *El Corán* sobre ella. Apenas si un versículo del sura IV alude en forma un tanto velada a una acción infame cometida «por dos individuos» y para ella el castigo se enuncia de manera aún más difusa estableciendo que «se haga daño a ambos»[4]. Acto seguido *El Corán* reafirma su orientación favorable al hombre diciendo que si se arrepienten y se corrigen «dejadles tranquilos». La tradición islámica enseña, sin embargo, que el primer califa Abu Bakr quemó vivo en la hoguera a un homosexual y que el cuarto califa, Alí, arrojó a otro desde lo alto del minarete de una mezquita; la sodomía es castigada con la pena de muerte en países islámicos y también fuera de ellos como ocurrió en Holanda con el asesinato de Pim Fortuyn, político prominente y declarado homosexual.

La legislación islámica da la impresión de ser muy estricta en la prohibición del incesto, que era al parecer muy extendido en la Arabia de tiempos del profeta. En su afán casuístico *El Corán* ofrece una larga lista de las mujeres con las que está prohibido casarse pero al final se desdice de todo lo prohibido y prescribe que si se hubiere realizado el incesto incluso con la madre, la hija o las hermanas, «Dios será indulgente y misericordioso» (IV-27). Dicha legislación permite por otra parte el matrimonio con mujeres casadas que hayan caído en las manos del marido como esclavas; se les afrenta así doblemente obligándolas a ser adúlteras y a continuar siendo esclavas. *El Corán* califica de aberración el matrimonio con las mujeres que hayan sido esposas de vuestros padres pero si se hubiese realizado la también llamada abominación e indecencia el sura IV dispone que se deje subsistir dicha unión. Todas esas normas un tanto permisivas se

---

[4] Sura IV- vers. 20.

justifican al parecer porque según *El Corán* «el hombre ha sido creado débil».

Respecto a los hombres que tuviesen más de una mujer Mahoma aconseja que no se dejaren arrastrar por los encantos de una hasta el punto de no hacer caso de las otras.

## EXENCIONES AL QUINTO MANDAMIENTO

No es pues a las mujeres piadosas ni a los hombres bondadosos y pacíficos a quienes se otorgan las mayores prerrogativas. Ventajas y beneficios van dirigidos ante todo a los que combaten en la senda de Dios, esto es a los enfrascados en la guerra santa. Absueltos y bendecidos quedaron los creyentes que exterminaron a los idólatras de la Meca o a las tribus judías de Medina. A éstos y a cuantos más eliminaron a infieles se les otorga *carte blanche*, es decir se les exime del quinto mandamiento del Decálogo. Los verdaderos creyentes, establece *El Corán* allá por el sura XLIX, «son los que luchan con sus personas y bienes en el sendero de Dios». A ellos les corresponde exterminar a los infieles o al menos concitar su despecho; éste en todo caso daría lugar a una mayor motivación para la lucha.

Las franquicias dadas con respecto al quinto mandamiento encajaban bien en la idiosincracia de un pueblo que tenía poco aprecio por la vida y gustaba de portar armas y enfrascarse en empresas riesgosas. El robo y el asesinato no provocaban mayor conmoción cuando ocurrían fuera del clan.

El tema de los creyentes y no creyentes influye en la regulación del asesinato común. De los dos preceptos que a él se refiere uno deja al parecer impune al que mate voluntariamente a un no creyente y aun deja exento de la pena de muerte al esclavo que mate a un no creyente y un tercero (V-35) presenta un texto tan confuso que nadie es capaz de explicar la situación en que se hallaría el que mate a un hombre que no haya matado a otro hombre ni sembrado el desorden en el país. En su carácter de legislación penal *El Corán* resulta a veces harto deficiente.

El principio básico parece ser condenatorio del asesinato: «No matéis a ningún hombre, a no ser por justa causa». El profeta no explica cuales son estas justas causas y los comentaristas concuerdan en que se debería incluir entre ellas a los que matan a asesinos y apóstatas pero difieren en el caso de los adúlteros. Si las autorizaciones para matar apóstatas y adúlteros no parecen compatibles con las modernas concepciones sobre el derecho a la vida, aun más impugnable es la siguiente autorización que el versículo 35 del sura XVII otorga para que los parientes próximos de la víctima se tomen justicia con sus propias manos. Siempre que el vengador «no pase el límite matando» la ley de Mahoma le asiste. ¿Qué significa que «no pase el límite»? Algunos comentaristas creen que se refiere a que se abstenga de crueldades innecesarias; otros piensan que significa limitar la venganza a matar al asesino sin extenderlo a sus familiares.

Es un reflejo más de la ya citada veta de violencia que impregna al *Corán* incluso cuando se trata de restringir los excesos de vindicta típicos de las sociedades primitivas. Es posible que el límite en cuestión fuese necesario o útil hace 1.300 años. Mantenerlo hoy en vigor es una muestra más del anacronismo de esa ley fundamental del Islam. Y pensar que hay países que se dicen progresistas y quieren reimplantar la *Sharia* que comprende ese tipo de prescripciones.

## EL ISLAM Y LA ESCLAVITUD

Aunque la esclavitud era una práctica generalizada por doquier en tiempos de Mahoma, su procedencia había sido ya antes impugnada por filósofos y teólogos. San Pablo la calificó de reprobable y contraria a la ética y San Agustín referiría su origen al pecado. Platón condenó su práctica y Eurípedes situó a los esclavos por encima de sus amos.

¿Qué hizo el Islam al respecto? *El Corán* alentó a los amos a que dieran libertad a los esclavos que la hubieren pedido por escrito y «fueren dignos de ella» (XXIV-33) y dispuso que una parte de las limosnas fuera dedicada al rescate de los esclavos. Pronosticó al propio tiempo castigos de fuego para los que no liberaran a sus esclavos y propuso compartir con ellos los goces de los bienes «que os hemos dado». Los esclavos fueron también de los primeros en convertirse al Islam y el esclavo manumitido Bilal fue el primer *muecín* de la primera mezquita construida en Medina. Se recordará que el segundo Papa de la cristiandad fue el antiguo esclavo Lino.

Las admoniciones del *Corán* contrarias a la esclavitud no surtieron al parecer mucho efecto. La institución nunca fue abolida por el Islam si bien quedó exenta de ciertos abusos. Oriundos de países árabes fueron los primeros grandes traficantes de esclavos negros. El propio Mahoma, afirman varios autores, adquirió, alquiló, canjeó y vendió esclavos en Medina cuando tuvo mayores recursos. Se casó asimismo con esclavas o las retuvo como concubinas, si bien las trató siempre con la mayor corrección.

Eran tiempos en que la esclavitud significaba un cierto progreso. La guerra daba al vencedor el derecho a matar a los hombres (o pedir un rescate si eran aristócratas) y hacer esclavas a las mujeres. Esto último daba gratificación sexual, mano de obra gratuita y perspectivas de reproducción. En el caso de los hombres la esclavitud era una alternativa a la muerte. Se justificaba así la institución pero sólo con respecto a cautivos de guerra. Ningún musulmán libre podía ser esclavizado. En cambio sin necesidad de guerra se permitía la esclavitud del infiel díscolo o rebelde.

Miles de prisioneros de guerra de origen griego fueron esclavizados en tiempos de los primeros cuatro califas. Una sola expedición, en el año 928, llevó 12.000 esclavos europeos a Túnez. La importación masiva de esclavos provenía de todas partes pero en especial de África. Por espacio de más de cinco siglos el reino de Nubia en ese continente estuvo obligado a enviar un tributo de esclavos al imperio árabe. Y fue así como la trata masiva de esclavos fue iniciada por traficantes árabes.

## EL ISLAM Y EL SUICIDIO

En noviembre de 1987, en ocasión de la primera *intifada*, un militar palestino sobrevoló con un planeador la frontera de Israel con el Líbano y logró matar a seis soldados judíos antes de suicidarse. Había surgido el primer atacante suicida considerado un asesino por Israel y un mártir de la causa por los palestinos. La repetición de hechos similares siempre protagonizados por musulmanes planteó la cuestión de saber si el suicidio estaba aceptado o prohibido por el Islam. No era la primera vez que hechos de ese tipo se producían en el curso de una guerra como lo atestiguan los kamikazes japoneses, los moros de Mindanao o los fanáticos Tigres Tamiles de Sri Lanka. La diferencia estaba en la aparición de mujeres dispuestas también al sacrificio y en el hecho de que el atacante no mataba sólo soldados sino también civiles inocentes.

Como ocurre con otras muchas materias la disposición pertinente del *Corán* es ambigua o más bien incierta. El único versículo que toca el tema del suicidio es el 33 del sura IV que contiene la frase «no os matéis entre vosotros» pero ni la interpretación de ese texto ni su ubicación en un versículo que comienza refiriéndose a la codicia y al gasto vano o presuntuoso, arrojan luz sobre el verdadero sentido del precepto. Tampoco ayuda a desentrañar la intención del *Corán* la mención de Dios misericordioso al final del versículo. Y téngase por último presente que el «no os matéis entre vosotros» parece querer dirigirse a no os matéis unos contra otros y no a un explícito no os quitéis la vida.

Hay otro versículo que utiliza la expresión «si se diesen la muerte a sí mismos» pero lo hace en un sentido hipotético. No hay más referencias a la cuestión específica del suicidio pero sí a los que mueren en el sendero de Dios o en la senda recta a quienes Alá les concede especiales privilegios. Me inclino a pensar que Mohamed Atta y sus correligionarios del 11 de septiembre creían firmemente que en ausencia de una clara y categórica prohibición del suicidio y faltando asimismo una condena de las llamadas muertes colaterales, su espantoso crimen no les iba a llevar a la *gehena* sino a la mansión de los bienaventurados, al paraíso reservado a los que mueren por la causa de Alá.

Frente esa ausencia de prohibición explícita del Islam, no podía ser más clara la postura de la Iglesia Católica que en su Catecismo (epígrafe 2281) señala que «el suicidio es contrario al amor de Dios y ofende también al amor de sí mismo y al amor al prójimo».

## EL ASPECTO SOCIAL Y EL DE URBANIDAD

*El Corán* presenta también una vertiente de justicia social y ayuda a los pobres que es encomiable pero tampoco es original pues viene de la tradición profética del pueblo judío y de la propia esencia del cristianismo. Casi mil años antes de Mahoma, Isaías tronaba contra los soberbios y altaneros, contra los que despojan a los pobres de sus derechos y proclamaba que los mendigos tendrán pan y reposarán con seguridad los desvalidos. Igual que haría Mahoma después, Isaías condenaba a los usureros y expoliadores. Otro profeta, Amós, fue conocido como el más grrande crítico de los abusos sociales de su época (764 A.C.). Es probable que Mahoma tuviera conocimiento de sus imprecaciones contra los que oprimen al pueblo y estrujan al menesteroso (VIII-4).

La lista de los pobres y desvalidos para quienes *El Corán* prescribe la ayuda de una limosna se hace en forma más bien taxativa en los muchos versículos dedicados a la caridad. Incluidos en esa lista aparecen los huérfanos, los padres, los allegados, los viajeros, los insolventes. La limosna tiene a veces un fin específico como es el rescate de los esclavos. La enunciación más amplia es la que alude a pobres e indigentes.

El Libro Divino incluye también reglas del comportamiento que pertenecen en realidad al más elemental manual de urbanismo. Sirvan de ejemplo: «no entreis en casa extraña sin pedir permiso», «bajar la voz», «dejar sitio en vuestras reuniones» y «saludaos recíprocamente».

## IMPACTO

A pesar de sus críticas y por encima de las objeciones *El Corán* es uno de los libros más leídos en el mundo. De igual manera que Mahoma, *El Corán* concita las más encontradas opiniones. Para los musulmanes más devotos se trata de un texto sublime, de un poema épico, de un relato perfecto, de una obra literaria monumental. Para los enemigos del Islam, ese mismo libro constituye una obra confusa e incoherente, una tergiversación de los textos sagrados de otras religiones, una elegía consagrada al odio y la violencia.

Al margen de juicios tendenciosos es indudable que *El Corán* ha tenido enorme impacto en todo el mundo. Fue el primer gran libro de la literatura árabe. Es al lado de la Biblia uno de los libros más leídos. Ha sido copiado y traducido a todas las lenguas importantes. Treinta millones de ejemplares del *Coran* son distribuidos cada año gracias al dinero de Arabia Saudita[5]. En árabe su texto ha sido mil veces comentado primero en forma exegética por comentaristas famosos, como al-Tabari, y más tarde con enfoques académicos y analíticos. A pesar de sus defectos y confusiones sus admiradores le asimilan a una rapsodia de factura cercana al pueblo y fácil de recordar. A todo lo largo del mundo musulmán, en mezquitas, por las calles y en los hogares, se escuchan las voces de quienes recitan sus versículos. Para los fieles del Islam es la voz que señala el sendero de la corrección. No en vano a los que han memorizado su texto íntegro (a los que se les llama *mafiz*) la *umma* les reconoce méritos especiales. Para los escépticos es un libro que narra situaciones y en muchos casos expone fórmulas que no se elucidan de modo suficiente.

---

[5] Del lado cristiano, cien millones de ejemplares de la Biblia son repartidos cada año.

# CAPÍTULO VII

# VERSÍCULOS EXTRAÑOS, FRASES ENIGMÁTICAS Y UN CAPÍTULO MISTERIOSO

## EL FONDO ARCANO DEL ISLAM

Junto a su énfasis en el monoteísmo y su prédica de amor fraterno y ayuda mutua entre los creyentes, el Islam presenta otras menos laudables características. Es curioso, por ejemplo, que su norma de retribución al justo coloque a virtuosos y arrepentidos por debajo de los que esgrimen armas en el sendero de Dios. Llama asimismo la atención el sentido de venganza (XXXII-22) que se imprime al castigo aplicable al culpable de un crimen cualquiera y entre una y otra preceptiva las frecuentes exhortaciones a la lucha que profiere Mahoma. Lo que en fin de cuentas el *Corán* predica con respecto a los no creyentes es a la vez un esfuerzo sostenido y sincero en pro de su conversión junto a una actitud de enfrentamiento y desdén.

El quinto mandamiento de la ley de Dios, el que tiene la enunciación más concisa y tajante se torna dúctil y acomodaticio para los fieles del profeta. El Islam es en tal sentido una creencia arrogante y egocéntrica cuya vocación monopólica le mueve a repeler con vigor a los no creyentes.

La interrogante relativa a la expansión puede ahora revertirse. ¿Cómo es posible que una religión agresiva, excluyente y anacrónica que dispone penas crueles, inhumanas y degradantes haya logrado tamaña expansión? Las estadísticas son claras; el éxito aparente es ostensible: el Islam crece y ha logrado incontables conversiones incluso en países de Occidente.

Cabe presumir que los neófitos leyeron *El Corán* y se familiarizaron con los preceptos de esa religión. No sé si les llamó la atención la existencia de unas letras misteriosas al comienzo de 29 suras (verbigracia el XXXVI), letras cuyo sentido es aún hoy desconocido. O si se percataron de los extraños títulos que tienen algunos capítulos (La vaca, El envuelto, La hormiga, Los corceles jadeantes, El Kauther, etc.) O si les extrañó el que Mahoma diera tres distintas versiones sobre la creación del hombre (del polvo, de una gota de esperma, o de un coágulo de sangre).

## LOS VERSÍCULOS EXTRAÑOS

Dejo a un lado las contradicciones, errores gramaticales y dislates históricos advertibles en *El Corán*; soslayo las ambigüedades, fantasías e incoherencias que muchos estudiosos observan en algunas partes de ese Libro. Me limitaré a citar sólo cuatro pasajes del mismo cuya simple lectura debería inducir a cualquier persona razonable y de buena fe a reflexionar antes de convertirse al Islam. Habrá estoy seguro otros aspectos del *Corán* que son igualmente objetables pero esos cuatro pasajes son particularmente significativos y plantean serias interrogantes sobre la credulidad de los neófitos.

La primera de esas equívocas indicaciones se halla en el versículo 37 del sura XXXIII. Mahoma había ido a visitar a su hijo adoptivo Zeid, no lo halló y vio únicamente a su mujer Zenobia cuya belleza lo sorprendió hasta el punto de lanzar una exclamación de admiración. Es probable que Zenobia estuviera desvestida o al menos sin su ropaje obligatorio aunque *El Corán* no lo dice. Cuando Zeid volvió a su casa su mujer le contó lo sucedido «sin olvidar la significativa exclamación del profeta». Zeid dice *El Corán* tomó un partido y resolvió repudiar a su mujer para así facilitar la unión de Zenobia con su padre que ya tenía varias esposas. Acto seguido dicen los comentaristas del Libro Divino, vino la revelación del versículo XXXIII-37 que autorizó la unión de Mahoma con su nuera en los siguientes términos:

«Pero cuando Zeid tomó un partido y resolvió repudiar a su mujer, nosotros le unimos a ti mediante el matrimonio a fin de que no sea para los creyentes un crimen el casarse con las mujeres de sus hijos adoptivos después de su repudiación. Y la sentencia de Dios se cumplió».

Esta cita textual abre el camino a la siguiente cuestión: ¿Es que un libro dirigido a trasmitir un mensaje de Dios debería ocuparse de una cosa tan trivial como la unión del profeta con la mujer de su hijo adoptivo?

Las nueras no figuran en las listas de mujeres con las que está prohibido casarse (IV-27). Es probable, sin embargo, que ese tipo de casamiento no se mirara con buenos ojos y es por ello y para estar más seguro que otro versículo del *Corán* vuelve a declarar que «no hay crimen de parte del profeta en haber aceptado lo que Dios le concedía». Y para borrar la impresión de que ello sea un privilegio del que sólo Mahoma había sido usufructuario *El Corán* se apresura a señalar que «Dios acostumbraba hacerlo con otros que habían vivido antes que él» (XXXIII –38).

Estos versículos se relacionan con otro dirigido a rebajar la condición social de los hijos adoptivos (XXXIII-4) a los cuales «no se debe querer como si fueran vuestros propios hijos». ¿Se buscaría con este precepto atenuar el efecto que estaba llamado a causar el matrimonio del profeta con Zenobia, esposa de su hijo adoptivo?

Mahoma había sido fiel a su primera esposa Jadiya, pero tras la muerte de ésta se le despertaron al parecer las pasiones del sexo y no hay duda que la convivencia íntima con tantas mujeres dio lugar a problemas y fricciones. Una noche en que una de ellas llamada Hafssa debía pernoctar con Mahoma, el profeta prefirió llevar a su alcoba a María la Copta, lo que originó las quejas y reproches de Hafssa y ocasionó habladurías y murmuraciones. *El Corán* dedica todo un capítulo a tan vulgar incidente y lo hace con el propósito de 1) librar a Mahoma del juramento que había hecho a la ligera de romper con María la Copta; 2) garantizarle la satisfacción de sus mujeres; 3) prohibir la unión de las dos mujeres contra el profeta haciéndoles saber que «Dios es su patrono y que Gabriel y todo hombre justo entre los creyentes le prestarán asistencia»; 4) ratificar los poderes que Dios ha concedido a los maridos en sus relaciones con las mujeres; 5) confirmar el derecho del marido a repudiar a sus mujeres (Mahoma las repudió por un mes) a sabiendas de que Dios puede darle esposas mejores; y 6) poner fin a cuantas murmuraciones involucren la relación de Mahoma con sus esposas.

Uno sigue leyendo *El Corán* y en el mismo sura XXXIII se encuentra otrra extraña manera de privilegiar al profeta o al menos de colocarlo sobre los demás mortales. El versículo 53 libra primero a Mahoma de varias molestias de la vida cotidiana: 1) no se permite la entrada en su casa sin permiso; 2) acto seguido se prohibe que los invitados al salir de su casa se enfrasquen «familiarmente en conversaciones», pues esto le causa pena; y 3) si alguien quisiera pedir algo a sus mujeres debe hacerlo a través de un velo. Aun más seria es desde luego la prohibición o amonestación que figura al final de este mismo versículo: «No os caséis jamás con las mujeres con quienes el profeta haya tenido comercio». Y adviértase que no se trata de una simple prohibición. Sus contemporáneos fueron advertidos que si desoían esa prohibición «ello sería grave a los ojos de Dios».

Es cierto que hubo también personajes bíblicos, incluyendo a Abrahán que tuvieron varias esposas. Sin embargo, el privilegio que el versículo 49 de este mismo sura otorga a Mahoma va más allá de todo precedente pues le da derecho a unirse con cuantas mujeres fieles quisieren vivir con él. No hay límites en el número de consortes que el profeta hubiera querido tener.

De distinta naturaleza pero igualmente poco digno de figurar en un Libro Divino es el sura CXI que consta sólo de cinco versículos dedicados a especificar los terribles castigos que deberían aplicarse a Abú Lahab y a su mujer. Abú Lahab, tío de Mahoma, había sido enemigo encarnizado del Profeta y crítico de sus prédicas. Para castigarle, el sura en cuestión dispone que las dos manos de ese tío perezcan y que perezca él mismo «quemado en el fuego flameante». Las dos manos, dicen los exégetas, se refieren a los bienes y la fortuna. No contento con ese castigo Mahoma extiende su condena a la mujer de Abú Lahab que el profeta describe como «portadora de leña», y quien al parecer excitaba a su marido contra Mahoma. Contra ella Mahoma dispone que descenderá al infierno «atado su cuello a una cuerda de filamentos de palmera».

Mahoma tenía otro enemigo llamado Abu Djahl que había prometido poner el pie sobre su nuca cuando lo viera postrarse en sus oraciones. Sin mencionarlo por su nombre los peritos del *Corán* afirman que es esa persona la referida como rebelde en el versículo 6 del sura XCVI. «Si no cesa», se dice más tarde en el mismo sura, «le asiremos por los cabellos de la frente, de su frente engañosa y culpable».

Y de nuevo uno se pregunta ¿es que un libro sagrado debería consagrar varios versículos a dirimir querellas personales del profeta y satisfacer sus deseos de vindicta?

Cabe citar por otro lado a los versículos 19 y 20 del sura LIII que hacen referencia a tres ídolos particularmente adorados por los árabes. Estos versículos fueron truncados en su versión original por ser considerada satánica la parte que atribuía calidad divina a los susodichos ídolos. O bien Mahoma se apartó inconscientemente de su enseñanza monoteísta o bien cedió primero a la presión de los mecanos y luego se retractó mencionando sólo el nombre de los ídolos pero sin reconocerles poder.

Los versículos que se acaban de citar tienen dos posibles lecturas totalmente diferentes. Una es que el relato de incidentes tan poco enaltecedores de la vida de Mahoma son prueba de su sinceridad, franqueza y veracidad. La otra es que asuntos tan personales e íntimos como los que en ellos se narran no son en sí mismos, ni siquiera, debieran constituir materia propia de una revelación divina.

## EL REPARTO DEL BOTÍN

Es probable que a los contemporáneos de Mahoma y en particular aquellos que eran habitantes de la península arábica no les pareciera extraño que *El Corán* haya dedicado varios versículos a la cuestión del reparto del botín. Para el hombre de hoy sí sería en cambio chocante que ese escabroso tema fuera tratado en un libro de religión.

Adviértase ante todo que el botín de que habla *El Corán* no son las armas, equipos y provisiones que un ejército victorioso quita al ejército perdedor. El botín a que se refiere *El Corán* son los bienes robados a las pacíficas caravanas que se dedicaban al comercio en el territorio de Arabia. Esto significa que al regular la manera de distribuir esos despojos, el autor del *Corán* estaba legitimando los asaltos a las caravanas e implícitamente absolviendo a los autores de los crímenes que con tal motivo se cometieren. Dios dice *El Corán* ha quedado satisfecho con esas acciones (XLVIII-18).

Llama la atención en segundo lugar la manera como *El Corán* dispone la repartición de lo que el mismo califica de «rico botín» (XLVIII-19). Un versículo dice que «el botín pertenece a Dios y a su enviado (VIII-1). Otro versículo (el 42) de ese mismo sura procura ser más específico y menciona entre los beneficiarios, además de a Dios y al profeta, a «los parientes, a los huérfanos, a los pobres y a los viajeros». Y aún hay otro (el 7 del sura LIX) que trata de acentuar el aspecto social de la prédica islámica prescribiendo que «nada debe volver a los ricos».

Una constante en la media docena de versículos que regulan el botín es la referencia a la participación del profeta en el producto a distribuir. No está claro en esa regulación cual es el monto exacto de esa participación, esto es, si es a partes iguales con los demás (luego de restar la quinta parte perteneciente a Dios) o si se le asignaba una parte mayor. Sí lo es que en un pasaje del *Corán* se incluye también a los parientes de Mahoma y que en otro él se atribuye todo el botín. Esto último aconteció cuando la expedición contra los judíos de Nadher se efectuó sin caballería ni camellos y el profeta estimó que el botín no debía ser repartido entre los combatientes sino asignado todo a su persona.

## FRASES ENIGMÁTICAS

Abundan por lo demás en *El Corán* relatos más bien enigmáticos que escapan a la comprensión de cualquier lector común y corriente. ¿Qué son, por ejemplo, los pájaros ababils que derrotaron a los hombres del Elefante? (CV-1 y 5). Según *El Corán* dichos pájaros lanzaban piedras con marcas impresas en el cielo; según la tradición lanzaban dardos mortales contra los invasores procedentes de Etiopía.

Según los comentaristas los pájaros son una referencia a una epidemia de sífilis que azotó por esa época a los árabes.

¿Quiénes son los que «soplan en los nudos»? (CVIII). Los comentaristas dicen que son las hechiceras judías. Otros que son las mujeres en general «que con sus astucias desconciertan los planes y resoluciones de los hombres».

¿Cuál es el sentido de la frase «Toda alma responde de sus obras, pero los hombres de la derecha?»

¿Por qué se insertan palabras desconocidas como Ya Sin en la llamada plegaria de los agonizantes?

¿Qué quiere decir *El Corán* cuando hace participar en los combates a ejércitos invisibles o cuando afirma que todo hombre tiene a su pájaro atado al cuello? ¿Por qué se intercalan repentinamente juramentos misteriosos como son los que aparecen al comienzo del sura 89: ¡Por la guerra! ¡Por las diez noches! ¡Por lo par y lo impar! ¡Por la noche que transcurre! ¿Qué sentido tiene la frase siguiente contenida en el versículo 63 del sura XXXIX: «Los que han creído en los signos de Dios son realmente desgraciados?»

Mahoma se hace por otra parte astrónomo y afirma que el sol y la luna se mueven en esferas aparte (XXXVI-1) y también clarividente al fijar la noche (que la tradición islámica hace corresponder con el 23-24 del Ramadán) en que todo asunto pendiente es decidido uno por uno. Y aún más, adivino cuando en vísperas de una batalla predice la victoria de los griegos y la realización de su vaticinio sirve para dirimir una apuesta. Hay por lo menos cinco pasajes del *Corán* que según los lingüistas recuerdan el lenguaje de los adivinos de la época.

*El Corán* también relata «para instrucción de sus creyentes» la historia de Moisés. Lo hace basándose en la Biblia pero incurriendo en errores y tergiversaciones; sus recuerdos son confusos: Moisés fue puesto en una canastilla «a la orilla del río», no arrojado al mar, como dice el versículo 39 del sura XX. *El Corán* omite asimismo referirse a las plagas. De la Historia Sagrada de los cristianos toma asimismo la frase relativa al paso del camello por el ojo de una aguja pero cambia su significado.

Llama asimismo la atención la frecuencia con que *El Corán* hace uso del símil y la metáfora. Es cierto que ese tipo de lenguaje es típico de los textos religiosos de los primeros tiempos, pero no hay duda que tal propensión llegó al extremo en *El Corán* donde se han contabilizado más de 400 metáforas. Ese exceso de frases y circunloquios afecta y menoscaba el lenguaje directo que debería usarse para proclamar la verdad y explicar puntos de fe.

## EL MISTERIO DEL SURA IX

Todos los capítulos o suras del *Corán* comienzan con la misma invocación: «En nombre del Dios clemente y misericordioso». Es una señal de alabanza y sumisión que aparece al frente de cuantas loas se dirigen al dueño del universo. Sin embargo, hay un capítulo del *Corán*, el IX que curiosamente omite esa invocación y da la casualidad que ese capítulo, que fue el último dictado por Mahoma, es el que más llamados a la violencia y la guerra contiene.

Tal vez sea el caprichoso método de codificación antes citado lo que explica que el sura último dictado en Medina poco antes de que su autor muriera pasara a ser el número nueve con el título de *La inmunidad* o *El arrepentimiento*. En el mismo se anuncia un castigo doloroso para los que no creen, para los jefes de los infieles a fin de que cesen sus maldades y se decreta la guerra contra aquellas gentes de las Escrituras (judíos y cristianos) que no profesan la creencia en la verdad.

La lista de infieles enemigos de Mahoma es como ya se ha dicho larga: idólatras, politeístas, hipócritas, apóstatas, renegados, cristianos y judíos. En este capítulo Mahoma les identifica y los denigra con los peores epítetos, llamándolos inmundos, criminales y malvados. Es en ese mismo texto que el profeta exhorta a sus seguidores a que le hagan la guerra, les combatan y maten y a Dios que los cubra de oprobio.

Más que ningún otro sura es en este número IX donde más exhortaciones a combatir en el sendero de Dios se hacen; y el que conmina con la mayor claridad a los creyentes: «Si no marchais al combate Dios os castigará con un castigo doloroso, os reemplazará por otro pueblo y no podreis dañar a Dios de ningún modo. Dios es omnipotente» (IX-39). Es aquí también donde aparece la frase de los dos hermosos destinos, donde se proclama que está reservado el fuego para aquellos que se oponen a Dios y a su apóstol, donde se condena a los árabes del desierto que se excusaron de ir a la guerra, donde se asigna un grado más elevado en el cielo a los que combaten a los infieles, donde más de 50 versículos contienen llamamientos de combate. El capítulo contiene incluso instrucciones precisas para la conducción de la guerra, para los que se reclutan y para los que se eximen, para los que tienen montura y para los que no la tienen.

Dictado poco antes de morir, es dable pensar que Mahoma deliberadamente omitió la invocación porque quiso imprimirle a esta última voluntad los más exaltados aires de combate, un combate fiero e inmisericorde. Y es dada su fecha y condición de última voluntad que este sura IX, según la doctrina de la abrogración, anula y deja sin efecto cualquier versículo anterior que se le oponga y en particular los que hablan de conciliación o favorecen retribuciones mesuradas y prudentes. Fue así que el Islam y su teología severa con el mundo exterior se incrustaron en la estructura social de los países del Cercano Oriente y África del Norte y han perdurado a lo largo de los siglos. Algunas de estas sociedades han resistido las corrientes modernizadoras y se aferran a las costumbres y prácticas del pasado.

Es importante sobre todo no menospreciar su historia. El Islam ha experimentado períodos de innegable esplendor y ha hecho contribuciones notables al progreso del hombre. En algunas etapas de la historia alcanzó niveles de desarrollo superiores a los de Occidente. Le afecta, sin embargo, la tendencia a resistir todo intento de reforma o modernización y a experimentar por el contrario periódicos movimientos de retorno a sus fuentes primitivas.

## LOS VERSÍCULOS DEL CASTIGO

En esa misma línea de señales misteriosas y del uso de perífrasis es notable el empeño con que *El Corán* se complace en hacer referencia a catástrofes pavorosas y destrucciones súbitas. No se sabe con certeza si el autor del *Corán* quiso subrayar la certeza del mal que aguardaba a pecadores y no creyentes o si quiso impresionar a su grey con un alarde de sus conocimientos históricos. Lo cierto es que un recorrido por la preceptiva coránica nos presenta la siguiente lista de las ciudades que perecieron:

1) *Tamud*, pueblo real de la antigua Arabia fue destruido por un terremoto cuando sus habitantes no creyeron en las advertencias que le hicieron los mensajeros de Dios (sura 7).
2) *Midiam*, cuyos comerciantes solían engañar en la medida del peso de las mercancías y fue por ende arrasado por un terremoto (sura 15).
3) *Al-Hijr*, pueblo que se apartó de las señales y que una mañana «un grito» lo abatió para siempre. (sura 15).
4) *Ar Rass*, oasis de no creyentes también súbitamente destruido (sura 25).
5) *Saba*, pueblo que dio la espalda a las señales y pereció a causa del desbordamiento de una represa (sura 27).
6) *Al- Mutaficas*, que alude también a ciudades sumergidas o destruidas y que algunos piensan que se refiere a Sodoma y Gomorra (sura 9).

Junto a las ciudades destruidas *El Corán* cita otras desgracias vinculadas a personajes bíblicos, como es el caso del diluvio y Noé cuya narración aparece diez veces en *El Corán* o la lluvia de piedras que aniquiló la ciudad de Lot.

La mayoría de estos pueblos o ciudades corresponde a sitios históricos o lugares bíblicos pero algunos caen en la zona arcana o misteriosa del *Corán*. Cuantos esfuerzos se han hecho para identificarlos han sido inútiles. Se trataría en el mejor de los casos de referencias de interés relativo para su época y generación.

Es interesante contrastar, por último, lo que dicen la Biblia y *El Corán* sobre la sabiduría y el rey Salomón. Según la Biblia la sabiduría es rectora de la historia, destructora de la idolatría y fuente de felicidad. Según *El Corán* Salomón hablaba con las hormigas, dialogaba con los pájaros y mandaba a los vientos (suras XXI, XXVII y XXXIV).

# CAPÍTULO VIII

# LOS DEBERES DEL CREYENTE

**UNA DISTINCIÓN PRELIMINAR**

Al hablar de los deberes que corresponden a los fieles del Islam se hace necesario ante todo distinguir entre el simple musulmán y el más genuino y piadoso creyente. El primero es el que se limita a cumplir de modo formal con algunos o todos de los cinco deberes básicos prescriptos en *El Corán*. El segundo llamado *mumin* es el que además de observar esos cinco deberes muestra sincera y profunda devoción. Es decir aquel que en su fuero interno mantiene una fe inquebrantable en las enseñanzas del profeta, el que yendo más allá del culto externo procura entregarse de lleno a la voluntad de Alá y seguir las advertencias de su profeta, el que incluso exagera esas advertencias y se niega a darle la mano a las mujeres. Ese *mumin* es en suma el que está dispuesto a combatir en el sendero de Dios, siempre listo a participar en la guerra santa.

Lo importante para los fieles de otras religiones es saber que el Islam de estos últimos tiempos ha crecido no sólo en el número de musulmanes sino también en la cantidad de militantes *mumin* al servicio del Dios supremo y su profeta. Muchos años de formación en las madrasas, las bibliotecas especializadas y otros centros religiosos han dado vida a generaciones de adeptos incondicionales. Muchas mezquitas atraen multitudes los viernes (*juma*) y no sólo de inofensivos musulmanes. Desde sus púlpitos, los *khatibs* (predicadores) hablan de religión y también muchas veces de política y de exhortaciones contra Occidente. Hay también organizaciones caritativas como la Jamaat-ul Dawa que además de ayudar a los pobres suministran medicinas a ejércitos islámicos.

La esencia del culto islámico reside en la obediencia no sólo a Dios (Alá) sino también a Mahoma, su profeta. Es una teología relativamente simple que Mahoma quiso poner al alcance de cualquier ser humano. No es demasiado profunda en sus aspectos metafísicos pero sí tiene alrededor del monoteísmo su conjunto de dogmas y preceptos. Se destacan entre ellos las prohibiciones primero de la idolatría y luego de los crímenes y vicios que prevalecían en la sociedad pre-islámica, incluyendo el infanticidio, el homicidio por dolo (el culposo o involuntario da lugar a compensaciones diversas), el incesto, el robo, la violación de juramentos, la violencia contra escribanos y testigos y los que hacen la guerra a Dios y su enviado. Tras estos crímenes vienen las prohibiones menores: la usura, el consumo de bebidas alcohólicas, los juegos de azar, comer carne de puerco y también de otros animales vedados por *El Corán*.

Para el observador profano el culto a Dios de la religión islámica pone el énfasis en signos exteriores, en cumplidos y ademanes. Salvo entre los sufís (místicos) no se fomenta con igual vigor la actitud interior, la plegaria que brota del corazón. La importancia se otorga a las ceremonias, ritos y prácticas que deben ajustarse a lo prescrito en la ley islámica, cuyas disposiciones son en extremo detalladas. La preocupación por el número y la forma exigidos se hace pronto patente en *El Corán* (II-181). Cuatro son los meses que se consideran sagrados (IX-36), las oraciones deben hacerse observando determinadas posiciones, la peregrinación a la Meca debe realizarse con vestidos y peinados específicos, en el rito de la Kaaba deben tirarse exactamente siete piedras, ni una más ni una menos. El creyente debe estar limpio de cuerpo y alma cuando reza.

No previsto expresamente entre los deberes del culto pero implícita en la práctica mahometana está la obligación sagrada de expandir su religión. No es una cuestión facultativa u opcional sino que todo creyente del Islam tiene el deber de rechazar a los no creyentes y de hacer cuanto esté en sus manos para extender su religión por todo el mundo.

## LOS CINCO PILARES DEL ISLAM Y LAS MEZQUITAS

El culto predicado por Mahoma se asienta sobre cinco pilares:

1) Recitar la *shahada* o profesión de fe en Alá.
2) Rezar cinco veces al día postrado en dirección a la Meca.
3) Ayunar en el mes del Ramadán.
4) Hacer una vez la peregrinación a la Meca y a Medina donde está enterrado Mahoma.
5) Pagar el *zakat* o limosna obligatoria.

La mezquita es un lugar de postración y veneración a Dios reservado para la oración pública semanal. En ella no hay imágenes ni cuadros, ni bancos ni sillas. Las mujeres pueden orar en las mezquitas pero en lugar separado. Corresponde a los *moazim* (*muecin*) hacer las cinco llamadas a la plegaria y al *imán*, *ulema* o quien lo represente dirigir las oraciones. Casi todas las mezquitas han sido construidas en las ciudades; a su alrededor se fueron asentando los comerciantes y artesanos que fueron formando los Zocos.

Aunque en el Islam sunita no existe el sacerdocio sí existen fieles profesionalmente dedicados a la atención de las mezquitas y la dirección de los servicios religiosos que en ellas se realizan. Entre las mezquitas más famosas cabe citar a la de Haram en la Meca, la de Al Aqsa en Jerusalén, la de Al Kasimiyah en Bagdad, la llamada Mezquita Azul y la de Sofia en Estambul, la Saayedna El Hussein en El Cairo y la de Jami al Umawi en Damasco que data del siglo VIII. En esta última ciudad cristianos y musulmanes compartieron durante algunos años la iglesia de San Juan Bautista construida por Teodosio I en 379.

Si bien algunos países islámicos prohíben a los no creyentes el acceso a la mezquita ésta no es en rigor un lugar sagrado sino un simple sitio de reunión para la plegaria en común de los Viernes. El Islam tiene también oratorios y lugares sagrados que demandan especial respeto. No obstante, en los países islámicos nadie puede entrar en la mezquita con los zapatos puestos ni sin hacer las abluciones. Las mezquitas son construidas y subsidiadas por el Estado en países islámicos y por creyentes piadosos y pudientes en los demás. En ellas no se efectúan colectas ni tienen lugar otras ceremonias (matrimonios, nacimientos, por ejemplo) que no sea la oración del Viernes. Tampoco están permitidas la música y las danzas.

En la teología islámica hay pecados capitales y veniales pero su castigo no es demasiado riguroso. Mahoma quiso al parecer atemperar sus normas a lo que muchos estiman instintos básicos del hombre: el apetito sexual, la inclinación al desquite o deseo de venganza y la inclinación a las riquezas. Dado el sesgo de protección a los humildes y menosprecio a los ricos que el profeta quiso darle a su religión no es extraño que fuera contra la avaricia más que contra la lujuria y contra las agresiones a la vida e integridad física de las personas que el Islam acentuara sus castigos.

Junto a las prohibiciones y castigos figuran los deberes que todo musulmán debe cumplir, los llamados cinco pilares del Islam.

## LA RECITACIÓN DE LA *SHAHADA*

El primer deber que todo seguidor de Mahoma debe cumplir es el de recitar la *shahada* o profesión de fe en Dios. Cualquier persona que públicamente ante dos testigos recite o lea en voz alta el texto de la *Shahada* se convierte automáticamente en miembro de la comunidad islámica. No hace falta adoctrinamiento previo, ni asistencia a cursos de formación religiosa, ni siquiera leer un catecismo para ser musulmán. La confesión de fe musulmana, dicen los profesores de teología, debe hacerse reflexivamente, pero no necesita trascender lo verbal ni cambia sin más al ser humano en su interioridad. Ello significa que debe haber muchos entre los millones de esa fe que lo son sólo nominalmente o de labios afuera.

El texto de la *Shahada* es muy sencillo: «No hay más Dios que Alá y Mahoma es su enviado» (*rasul*). La fórmula se pronuncia al oído del recién nacido y se recita por el hombre o la mujer moribundos o por quienes los acompañan en sus últimos instantes. Algunas comunidades chiitas incluyen el nombre de Alí en la *Shahada*. Y es alrededor de esta creencia fundamental que aparecen las creencias menores: en los ángeles, en la resurrección, en el paraíso y en los libros sagrados. La profesión de fe implica la aceptación del conjunto de dogmas del

Islam, incluyendo ser severo con los infieles y afectuoso con sus correligionarios.

La *shahada* tiene su antecedente en la oración vocal que desde tiempo inmemorial existe en las otras dos religiones monoteístas y que en el cristianismo aparece específicamente enunciada por Jesucristo en el Padre Nuestro y en el Credo que data del Concilio de Nicea (325 DC), es decir 200 años antes de Mahoma. Para la Iglesia Católica la primera profesión de fe se hace en el ritual del bautismo, pero esa entrada simbólica es seguida de la catequesis y de la preparación para recibir los otros sacramentos.

## LAS CINCO ORACIONES

De mucha mayor exigencia y formalidad es el deber de todos los musulmanes de rezar cinco veces al día. Ese acto de rezar que en otras religiones puede consistir en un simple momento de recogimiento interior o en la expresión de súplicas, ruegos o agradecimientos dirigidos a Dios, adquiere en el Islam un grado mucho mayor de formalidad. *El Corán* prohíbe en primer lugar que los creyentes oren cuando estén ebrios; el que reza, dice ese libro, debe estar en condiciones de comprender el significado de las palabras que se pronuncien. No se debe tampoco orar cuando el creyente esté sucio, palabra que no alude a la suciedad del alma sino a la suciedad física y para ello se prescribe la necesidad de hacer antes las abluciones. Este acto de purificación se realiza en la mayoría de las comunidades islámicas lavándose con agua el rostro y las manos hasta el codo, así como los pies hasta los talones y enjuagarse la cabeza. A falta de agua aquellos que acaban de satisfacer sus necesidades naturales o de tener relaciones sexuales con una mujer deben frotarse el rostro y las manos con arena fina y pura.

Cumplidos esos requisitos la ley islámica prescribe otras reglas previas para el acto mismo de la oración. Ésta debe hacerse observando posiciones distintas, (levantándose, postrándose, inclinándose, arrodillándose y poniéndose de nuevo de pie), tocando el suelo con la frente cuando se esté de rodillas y efectuando las jaculatorias en ciertas horas fijas: en el alba, al mediodía, a las cuatro de la tarde, al crepúsculo y a media noche después de la desaparición de las últimas luces. El acto de pegar o dar con fuerza la cabeza en el suelo se supone que se haga 34 veces en el curso de las cinco oraciones, lo cual origina una callosidad en la frente llamada *zebibah*. En Egipto esa callosidad se exhibe con orgullo por los más piadosos y por aquellos que creen fervorosamente en los mandatos del profeta. El deber de rezar incluye también la plegaria colectiva de los Viernes que se lleva a cabo en la mezquita. Y yendo aún más lejos *El Corán* prescribe que se debe repetir el nombre de Dios mañana, tarde y noche (LXXVI-25 y 26). Aunque el cumplimiento de la obligación de rezar tiene un carácter más bien ritual, su realización tiene mucho que enseñar al hombre moderno secularizado y olvidadizo. Recientes encuestas efectuadas en Francia muestran que sólo el 15 por ciento de la población musulmana asiste regularmente a la ceremonia del Viernes. Algunos grupos disidentes, por ejemplo en Indonesia, exoneran a sus miembros de la obligación de rezar.

El deber de las cinco oraciones en las horas designadas reproduce la costumbre de las horas litúrgicas también de viejo abolengo en la iglesia Católica y yendo aún más lejos tiene su paralelo en la oración de las horas de la tradición judía. Lo original en la religión del Islam es el número, horario y posiciones del rezo prescripto. Suponiendo que todos los musulmanes son practicantes y que dediquen 10 o 15 minutos a cada una de las cinco oraciones, ello significa alrededor de una hora al día dedicada a la religión y sustraida al trabajo o al descanso.

A fin de efectuar con precisión la llamada a las oraciones muchas mezquitas instalan relojes y sus *imanes* o *ulemas* velan por la puntualidad. Cada oración (*maghrib*) debe completarse en el espacio de 45 minutos. «Observad con cuidado las horas de las plegarias» dice *El Corán* (II-239). La *juma* (Viernes) marca no solamente el día de la oración colectiva sino también el día del descanso semanal.

Dos grandes templos son mencionados en *El Corán* como anteriores a Mahoma: el templo sagrado de la Meca y el templo sagrado de Jerusalén (XVII-1). Al principio los creyentes rezaban volviendo el rostro hacia Jerusalén pero más tarde Mahoma dispuso que lo hicieran mirando al oratorio sagrado de la Meca, el cual albergaba además memorias hebraicas relacionadas con Abrahán y una gran colección de ídolos. Las mezquitas deben contener señales de la dirección de la Meca.

Sobre las críticas relacionadas con la mezquita de Córdoba en la que un obispo católico obtuvo licencia en el siglo XVI para construir una capilla, conviene decir en defensa de Castilla y León que sus ejércitos no procedieron a reducir a escombros esa maravillosa mezquita mayor como hicieron dos siglos antes los islamitas con el Santo Sepulcro; lo que hicieron fue tornar al culto cristiano partes de una mezquita que había sido levantada luego de haber sido demolida la iglesia visigoda de San Vicente.

## RAMADÁN

El Ramadán o ayuno conmemora el acto de la revelación hecha a Mahoma por el arcángel Gabriel. Tiene su antecedente en el Yom Kippur hebraico y en la Cuaresma cristiana. El Yom Kippur o Día de la Expiación remonta su origen a uno de los períodos más antiguos de la historia de Israel, al día en que los judíos recibieron las Segundas Tablas de la Ley, cuyo día se conmemora con 24 horas de ayuno, oración y meditación. La cuaresma cristiana, también anterior a Mahoma, conmemora los 40 días que Jesucristo ayunó en el desierto y consiste en ciertos días de ayuno y abstinencia. Además de esos precedentes la observancia de un lapso de ayuno y recogimiento existía desde antes en la tradición árabe.

Entre uno y otro precedente Mahoma optó por una fórmula de transacción en la que la penitencia sería diurna, se extendería por un mes lunar (29 días) e incluiría además del ayuno la prohibición de relaciones sexuales en esas horas del día. El Ramadán se corresponde con el noveno mes del año lunar, mes en el que la tradición islámica sostiene que tuvo lugar la primera revelación. Durante ese mes y mientras haya luz los fieles del Islam no solamente están obligados a las abstenciones precitadas sino también a no escuchar música desde el amanecer hasta el anochecer. Ese período diurno comienza cuando es posible distinguir un hilo de color blanco de otro de color negro y la noche empieza cuando esa distinción no se hace posible. Terminado ese período los fieles quedan exentos del deber de ayunar o tener sexo.

Un *hadiz* recomienda que al terminar el ayuno se coman primero dátiles; otro imprime al ayuno un sentimiento de euforia o de deber cumplido. Sin embargo, ni el canto ni el baile ni el tañir de las campanas son cosas bien vistas en el Islam. Barbas, turbantes y meditaciones sí lo son.

El deber de ayunar no impide el cumplimiento de la obligación de rezar las precitadas cinco veces al día. El sacrificio implícito en el Ramadán tiene de cierta manera compensación con los tres días de festejos que siguen a su terminación. Esta suerte de festival *(Shawwal)* tiene en varios países otras manifestaciones lúdicas.

El incumplimiento del deber de ayunar no irroga grandes perjuicios. «Los que no pudiendo soportar el ayuno lo rompan darán a título de expiación el alimento de un pobre» (II-180).

## LA PEREGRINACIÓN

También de estirpe anterior a Mahoma es el cuarto pilar de la religiosidad islámica: la peregrinación (la *hajj*) a la Meca (*Makkah*). Desde tiempo inmemorial los árabes acostumbraban acudir una vez al año en el noveno mes a rendir tributo al monolito negro supuestamente levantado por Abrahán, la Kaaba, que ellos consideran el centro del mundo. Colocado en el medio de un oratorio, a su alrededor se fueron colocando las más de 300 representaciones de ídolos que eran también venerados. Se trataba, pues, en el fondo de una peregrinación en parte idólatra y en parte de respeto a la tradición. Fue precisamente el derecho a efectuar esa peregrinación lo que Mahoma quería reivindicar en su lucha contra las autoridades de la Meca. Fueron razones políticas las que sin duda motivaron la aceptación de ese rito por Mahoma.

Tal como el rito fue establecido en vida del profeta los peregrinos debían «poner término a la negligencia» en lo que atañe a su exterior, «lo que incluía cortarse las uñas, envolverse en sábanas blancas, afeitarse la cabeza, calzar sandalias y abstenerse de usar joyas y perfumes así como de cazar y tener sexo durante el tiempo de la peregrinación». Lo dice *El Corán*: «entraréis en el oratorio sagrado con la cabeza rapada y los cabellos cortos (XLIX-27.)

Llegado el peregrino al llano de Arafat cerca de la Meca al mediodía del día designado del noveno mes escuchará de pie las homilías pertinentes. Se trasladará de inmediato al sitio de la Kaaba y procederá a dar siete vueltas a la piedra sagrada, tres corriendo y cuatro caminando, ritual que concluye la peregrinación menor. Quienes opten por la mayor volverán al llano de Arafat al lugar llamado Mina donde deberán pasar la noche y el día siguiente rezando y meditando; allí recogerán 49 piedras a fin de arrojar siete contra el Gran Demonio y el resto contra cada una de las tres columnas que conmemoran el rechazo de Abrahán a las tentaciones. La peregrinación mayor comprende la ascensión del monte Arafat donde Mahoma pronunció su último sermón, un viaje a Medina donde está sepultado Mahoma y el regreso a Mina para sacrificar animales, sobre todo corderos. Durante todo el tiempo de la peregrinación, los peregrinos deben permanecer puros y afeitarse la cabeza los hombres, si no lo hubieran hecho antes, y cortarse el pelo y portar largas túnicas las mujeres. Al final en los tres días de fiesta hay también sacrificios de animales, desfiles militares y felicitaciones mutuas. El ceremonial termina con la entrega a los hombres de un certificado de haber completado el *hajj* y tener derecho a usar la palabra *hajji* añadida a su nombre. Si su salud y sus recursos lo permiten todo musulmán debe realizar la *hajj* una vez en su vida. La ley islámica permite que un musulmán la haga en representación de un pariente.

En el año 929 de la era cristiana una secta llamada de los Karmantians, considerada herética por los musulmanes capturó el poder de la península arábica y secuestró la Piedra Negra la cual fue devuelta 20 años después. En 1979 la Gran Mezquita de La Meca fue capturada por un grupo de jóvenes activistas.

La ceremonia ha seguido realizándose de manera parecida pero no idéntica a la forma como se hizo por Mahoma en su primera peregrinación en el año 630. En el sura XXII intitulado *La peregrinación de la Meca* se alude a los que lleguen (a la Meca) de comarcas lejanas sea a pie o montados en camellos (vers. 28) y se añade que lleguen «prontos, a la carrera». Se pone así de relieve el gran contraste que existe en los medios de transporte que al presente se utilizan, los cuales eliminan el factor de sacrificio y expiación que tenía en su origen la peregrinación. Este sura califica a su vez de «casa santa» a lo que es la Kaaba o templo preislámico de la Meca, el cual debe permanecer «puro», es decir exento de la adoración a otro Dios. Llama la atención que este sura, que tiene 78 versículos, en realidad dedica sólo cinco a tratar directa o indirectamente de la peregrinación..

A pesar de los altos costos del transporte y manutención son cada vez más numerosos los peregrinos que cumplen con su deber. En 2006 alrededor de tres millones de personas, en su inmensa mayoría hombres, visitaron la Meca y Medina atraídos por la Kaaba y la fe musulmana. No en vano esas dos ciudades constituyen territorio sagrado del Islam, vedado a los infieles. Para los musulmanes más piadosos hay también peregrinaciones menores relacionadas con lugares sagrados o la tumba de un califa o *imán*. Un millón de chiitas asistieron en 2007 a la peregrinación de Kerbala. Sus antecedentes en materia de prácticas piadosas son los numerosos peregrinajes a lugares sagrados y sepulcros de santos de los primeros siglos de la cristiandad.

**LAS DOS LIMOSNAS**

Las limosnas prescriptas en el Islam como expresiones de la caridad son en realidad de dos tipos: uno que pudiera calificarse de limosna institucional llamada *zakat* y otra de tipo voluntario que es expresión espontánea de la caridad. El *zakat* tiene el carácter de un deber y consiste en el pago a la autoridad religiosa de un quinto de los ingresos del creyente. No dar la limosna institucional constituye una grave violación susceptible de penas terrenales y posible pérdida de acceso al paraíso. Recuérdese que el zakat fue también en su origen un medio de unificar Arabia. De esa obligación están todavía exentos solamente «los que posean menos de cinco camellos». Representa una suerte de adaptación del antiguo diezmo del cristianismo, que como se sabe, estaba ya consagrado explícitamente en el Génesis, el Éxodo y sobre todo en el Levítico (27-30-33). En la mayoría de los países islámicos representa en realidad el 2,5 por ciento de los ingresos personales.

*El Corán* contiene numerosas disposiciones relativas a las limosnas voluntarias. Aunque en general exhorta a los creyentes a dar limosnas, no todas las referencias guardan armonía entre sí. Unas veces se recomienda dar limosna «de lo que más aprecies», lo mismo en el bienestar que en situación apretada; y otras se aconseja no dar larguezas o dar sólo de lo superfluo, o sin excesos. Es encomiable en todo caso que se haya hecho tanto énfasis en la ayuda a los necesitados. El libro enumera con minuciosidad la lista de los beneficiarios: los padres, los allegados, los pobres, los insolventes, los huérfanos, los viajeros, los indigentes y para el rescate de los esclavos. Es lamentable en cambio que se haya excluido todo tipo de ayuda a los no creyentes. «Los malvados no tendrán ninguna asistencia» dice *El Corán* (II-273). El odio y la revancha se sobreponen aquí a la caridad y la generosidad.

Vuelve por último *El Corán* a merecer plácemes cuando critica a los que dan limosna por ostentación, y elogia la limosna que se hace en secreto. También es elogiable que se extienda la limosna tanto a los reducidos a la miseria (*fokara* o indigentes) como a los que están momentáneamente en mala situación (pobres o *mesakin*) así como su afirmación de ser mejor una palabra honrada y el perdón de las ofensas que una limosna.

## OBSERVACIÓN FINAL

Se comprende a la luz de lo anterior que el Islam haya sido calificado como religión legalista en la que predominan la forma sobre el fondo y el rito sobre la devoción. Es también una religión en la que desempeñan un gran papel los sabios intérpretes de la ley.

El cumplimiento de los deberes que de esa manera el Islam impone a sus creyentes en nada aminora su peligrosidad frente a los fieles de otras religiones. Al contrario, un cumplimiento estricto pudiera tener un efecto indirecto en la peligrosidad en la medida en que un conocimiento detallado de los versículos beligerantes del *Corán* aumente su animadversión a los infieles. Mucho más peligroso sería sin embargo el cumplimiento del llamado sexto pilar del Islam que es el que alude a la llamada guerra santa o *yijad* en un centenar de versículos. A Mahoma le preocupaba ante todo imponer el monoteísmo en una sociedad politeísta y tal vez por ello se vio obligado a extremar los deberes relativos al reconocimiento de un solo Dios y a subestimar las normas morales relativas al comportamiento individual y social. Cuatro de los cinco deberes conciernen en efecto a la adoración del Dios único, clemente y misericordioso; ninguno de estos deberes toca a las buenas acciones que el musulmán debiera practicar para con el prójimo. Es sólo en el quinto deber que se prescribe un aspecto del amor y bondad del hombre para con sus semejantes, representado por el deber de dar limosnas. Sin embargo, *El Corán* expresamente excluye de la lismosna a los infieles a los que llama malos, malvados o perversos; a éstos no se les debe dar ayuda alguna y quedan por tanto fuera del amor al prójimo. Esta eliminación de los infieles de recibir cualquier tipo de dádiva entraña una mutilación de la caridad y por tanto de la ley en su plenitud.

# CAPÍTULO IX

# DIFERENCIAS CON EL CRISTIANISMO

**SEMEJANZAS REALES Y APARENTES**
El cristianismo y el Islam son religiones monoteístas que reconocen la creación como obra de Dios y remontan sus creencias al profetismo bíblico. Ambas religiones atribuyen al patriarca Abrahán un papel fundamental en la aparición de lo que la Biblia llama una gran nación y en la proclamación del deber de adorar a un solo Dios. Judíos, cristianos e islamitas nacidos todos en una misma región (el Cercano Oriente) ensalzan unánimes el nombre de Abrahán. En el Islam se le considera pontífice de los pueblos y amigo de Dios. La religión católica lo honra como gran figura de la historia sagrada, siervo obediente de Dios y protagonista de una alianza con el Ser Supremo. Por ser «hijo de Abrahán», Cristo acogió a Zaqueo y se alojó en su casa (Lucas 19-1). Los hebreos por su parte lo erigen en el primero de sus patriarcas.

Aunque con propósitos diferentes las dos religiones (la de Cristo y el Islam) se ocupan por supuesto de Jesucristo. Más de 90 versículos del *Corán* se consagran a hablar de él, de su espíritu de santidad, de su condición de enviado de Dios, de su calidad de ilustre en este mundo y en el otro, de los milagros que realizó (III-43) y de la investidura de profeta que Dios le dio. Dicho libro confiere también especial atención a la Virgen María a quien considera una de las cuatro mujeres perfectas (las otras eran la esposa del Faraón, Jadiya su esposa y Fátima), la proclama exenta de toda mancha y elegida entre todas las mujeres del mundo. Según los mahometanos el arcángel Gabriel, que a veces confunden con el Espíritu Santo, sopló sobre el seno de María y engendró a Jesús. Tanto María (Mariam) como Jesús (Isa) son considerados por *El Corán* como «un signo para el universo».

Ambas religiones subrayan el aspecto social de sus orígenes. A Jesucristo le seguía «un puñado de pobres y humildes»; los Evangelios criticaron a los ricos que difícilmente entrarían en el reino de los cielos (Mt.19-23). *El Corán* multiplica a su vez las referencias de aliento y socorro a los pobres y es con respecto a ellos que predica las buenas acciones. Para las clases dirigentes la prédica de uno y otro fue inquietante y molesta. Para los esclavos ambas religiones trataron de aliviar su situación.

Las semejanzas del Islam con el cristianismo se hacen tal vez más perceptibles en la secta sufi que tiende a subrayar el amor de Dios hacia los seres humanos y a imprimirle a la fe una dimensión más interior y profunda. Las similitudes se opacan en cambio cuando la comparación se hace con las otras sectas.

## DIFERENCIAS DE DOCTRINA Y ESTRUCTURA

Las diferencias del Islam con el cristianismo son muchas y de muy diverso tipo: teológicas, históricas, litúrgicas, cristológicas y escatológicas. Es verdad que ambas religiones adoran al mismo Dios («nuestro Dios y el vuestro son el mismo Dios» dice el versículo 45 del sura XXIX refiriéndose a las gentes de las Escrituras). Y ese reconocimiento se repite en XLII-14: «Dios es mi Señor y el vuestro». No es menos cierto, sin embargo, que mientras el Islam se refiere a un Dios todopoderoso, un ser supremo, que a veces actúa a su antojo y se complace en haber exterminado infieles, el Dios de los cristianos tiene un plan para la salvación de la humanidad y es alabado por su infinita bondad. El contraste es patente: En Mateo V-43 Cristo dijo: «Amad a vuestros enemigos y orad por los que os persiguen». En el sura VIII del *Corán* se prescribe el suplicio para los enemigos y se condena a los que dan libertad a los infieles cautivos.

Los musulmanes rechazan el misterio de la Trinidad que pertenece a la esencia del cristianismo alegando que es una desviación del monoteísmo. Ignoran que el credo de Nicea-Constantinopla proclamó la unicidad de Dios. «La fe cristiana confiesa que hay un solo Dios por naturaleza, por substancia y por esencia» dice el Catecismo de la Iglesia Católica. Éste trasmite un mensaje de amor, paz y concordia dirigido a toda la humanidad y ese mismo mensaje alcanza sólo a los creyentes en el Islam.

Hay por otra parte marcadas diferencias en la estructura de una y otra religión. El catolicismo tiene una jerarquía eclesiástica que culmina en el Santo Padre. En el Islam no hay un Papa que pueda enseñar y definir cuestiones de fe y de doctrina. Si alguien les ataca o hace una observación crítica no hay una representación reconocida que riposte en nombre del Islam; lo que hay son protestas públicas, quemas de iglesias y ataques a monjas y curas. Para el cristianismo la iglesia debe estar separada del Estado. En el Islam en cambio sucede lo contrario. En Irán el Ayatola Khomeini declaró en su *Velayet al Faqeh* que el poder terrenal tanto como el religioso deben estar en manos de sabios conocedores de la teología. La misma creencia en la fusión de la dimensión terrenal con la que se ocupa de las cosas de Dios se preconiza en el lado sunita.

Ambas religiones parten de la verdad revelada y, como se indicó antes, buscan sus raíces en el profetismo bíblico pero de nuevo aparecen de inmediato las divergencias. Mientras el cristianismo incorpora el Antiguo Testamento que es en general la historia de Israel, Mahoma se permitió escoger sólo aquellos libros o pasajes que él consideraba divinos o que mejor compaginaban con su proyecto de religión. Al final el profeta reservó la categoría de divinos a sólo cuatro libros: el Pentateuco, los Salmos, los Evangelios y *El Corán*. Las razones por las cuales los otros Libros como los Sapienciales, los Proféticos y las Epístolas de San Pablo fueron desestimados, no son claramente expuestos en la teología islámica. Lo más probable es que simplemente no llegaron a ser conocidos por Mahoma o su conocimiento fue defectuoso. Los Libros Proféticos no figuran entre los escogidos pero Daniel, Elías y otros Profetas Mayores son citados por Mahoma. Tampoco fue escogido el libro de los Profetas Menores, lo que no impide a Mahoma citar a Jonás, Zacarías y otros.

El Libro Divino de los musulmanes se acerca a las otras religiones monoteístas al recordar los pasajes bíblicos sobre la alabanza del séptimo día pero la celebración pasa del Sábado o Domingo al Viernes y no entraña específicamente un descanso.

La tradición islámica fija en 124.000 el número de profetas que ha habido en el mundo (aunque sólo 25 son mencionados por su nombre), pero sin duda se trata de una cifra tan caprichosa como la imputación que hace *El Corán* a los cristianos de haber ocultado «una gran parte» del libro de Moisés (VI-91). La revelación mosaica es por el contrario, a juicio de los cristianos, la que imprime cohesión, unidad y sentido a toda la sustancia religiosa del Pentateuco.

Las diferencias conceptuales sobre la naturaleza del ser humano aparecen en el comienzo mismo de ambas teologías. Para el Islam el hombre no fue hecho a imagen y semejanza de Dios ni está afectado por el pecado original como creen los cristianos. La Biblia señala que Dios formó al hombre del lodo de la tierra y de un soplo de vida (Génesis 2-7). *El Corán* en cambio habla del polvo, de una gota de esperma y de un coágulo de sangre (XXII-5). Los descendientes de Adán, dice otra parte del *Corán*, fueron creados de los riñones de los hijos de Adán (VII-171). La religión de Mahoma tampoco cree en el libre albedrío que es un punto esencial de la fe cristiana. Como se apunta más adelante para los musulmanes todo ha sido preordenado. Se va al cielo o al infierno según designios ajenos a la voluntad del hombre. En la práctica esta creencia da lugar a un fatalismo que los seguidores de Mahoma resumen en la conocida frase: «Estaba escrito».

## DIVERGENCIAS SOBRE LAS VIRTUDES TEOLOGALES

El Islam tomó del cristianismo las virtudes teologales y las refleja a su manera en las tres fuentes de su conjunto de creencias: *El Corán*, la *Sharia* (legislación y jurisprudencia) y el *Hadith* (elenco de tradiciones).

Aunque toscamente consagrada, la fe aparece junto a las buenas acciones como la fórmula prescripta para la vida feliz y las recompensas extraterrenales. Para *El Corán* la fe consiste en ser creyente, es decir, creer en todo lo que el profeta reveló, todo lo que enseñan «el Libro y la sabiduría». No es, sin embargo, un sentimiento que los seres humanos puedan desarrollar por sí mismos. «Es un favor que Dios concede a quien quiere», dice el versículo 4 del sura LXII. Mahoma se anticipa así a Calvino y su concepción de que la fe sola salva al hombre siendo así que ella no se deriva del libre albedrío como sostiene el catolicismo sino de la predestinación.

La predestinación significa colocar al hombre impotente frente a la voluntad de Dios. En la concepción islámica se mezcla con el fatalismo representado por la creencia vulgar en el *mektoub*, es decir el anuncio anterior, ajeno al pensamiento racional.

La dos religiones, el cristianismo y el islamismo, coinciden por otra parte en la idea del Juicio Final, la resurrección y la disyuntiva del paraíso o el infierno. Concuerdan en ponderar la importancia del Juicio Final pero mientras el cristianismo enseña que la sentencia de Dios habrá de referirse sólo a los seres humanos, el Islam dice que todas las criaturas vivientes incluyendo bestias y pájaros «serán congregadas un día» (VI-38). *El Corán* es, también, más explícito en describir el puente que unos atraviesan para gozar de la felicidad y otros caen para permanecer eternamente en la *gehena* «un horrible lecho de reposo». A un lado los justos, al otro los réprobos. Algunas de las señales que en *El Corán* anuncian el Juicio Final parecen similares a las del Apocalipsis.

En el cristianismo de nuestros días no hay un lugar físico que se llame cielo o paraíso y otro lugar que se llame infierno. Lo que hay es una relación espiritual con Dios para los justos y ausencia de esa relación para los que rompieron la ley de Dios. En cambio en el Libro Sagrado de los musulmanes se habla de siete cielos y siete infiernos, algo así como los círculos de los que escribiría después Dante Allighieri y aún más se mencionan siete puertas de entrada.

La distinción que hace el Islam entre el paraíso de los mártires y el de los otros fieles no está prevista en los textos sagrados del cristianismo. La cuestión de saber cuan generosa es la acogida pertenece al amor del Padre. Sin embargo, la descripción que ofrece el Islam toma mucho de la tradición cristiana sobre el Edén. Frases del Génesis como jardín delicioso, árboles hermosos y frutas suaves al paladar inspiraron la visión del paraíso musulmán. Es posible que influyeran también las palabras de Ezequiel: «Vivían en medio del paraíso de Dios. En sus vestiduras brillaban toda suerte de piedras preciosas que te daban hermosura y los instrumentos musicales estuvieron preparados para ti en el día de la Creación».

Hay marcadas diferencias con respecto al purgatorio. De éste se habla con toda claridad en la teología cristiana: es la etapa de purificación que Dios dispone para quienes habiendo muerto en la amistad del Señor no tienen la pureza necesaria para entrar en la alegría del cielo. El Islam no menciona de manera explícita esa etapa aunque hay un versículo que de modo un tanto sibilina menciona «un tabique que separa a los bienaventurados de los réprobos». Algunos exégetas del *Corán* estiman que es una alusión al purgatorio; otros discrepan y ello en definitiva pone de relieve una vez más la forma ambigua e incoherente como *El Corán* se refiere a tan importante cuestión.

## LA PROPAGACIÓN DE LA FE

Definida como la virtud de conocer las realidades que no se ven y como adhesión personal del hombre a Dios, la fe es común a ambas religiones. Las diferencias surgen con respecto a quienes pueden gozar de esa gracia y con relación al método empleado para propagar la fe, esto es, a la proselitización. La Iglesia de Cristo fue concebida para todos, creyentes e incrédulos, judíos y paganos, musulmanes y budistas, protestantes y agnósticos. Sus puertas están abiertas para todos los hombres y mujeres del mundo. Según la doctrina católica nadie se condena por no ser cristiano; cualquiera que sea su religión si es una persona justa y lleva una vida ordenada podrá salvarse. Lo hizo constar desde el comienzo San Pablo: «a quien haga lo que depende de él, Dios no le negará la gracia de la salvación».

En la historia del cristianismo los gentiles estuvieron siempre asociados a los designios de Dios. Recuérdese que quienes primero adoraron al Niño Jesús fueron los Reyes Magos que eran por cierto paganos. San Pablo fue por su parte el Apóstol de los gentiles y fue él quien lo enseñó claramente en su carta a los Efesios: «también los paganos son coherederos de la misma herencia, miembros del mismo cuerpo y partícipes de la promesa en Jesucristo». Misioneros católicos y protestantes han llegado a todos los rincones del mundo. Y el esfuerzo de esos misioneros fue a veces heroico, convirtiendo leprosos y caníbales, enemigos e indiferentes, soportando el calor sofocante de los desiertos o el frío del país de las nieves eternas, pero siempre en son de paz, respetando incluso el consejo de Cristo: no hagáis resistencia al agravio. Al prójimo, es decir al que forma parte del resto de la humanidad no se le debe hostigar, perseguir o matar como dispuso Mahoma con respecto a los infieles; se le debe amar ofreciéndole incluso la otra mejilla en caso de ofensa.

El método empleado para difundir la fe constituye así otra gran diferencia entre las dos religiones. Mahoma acepta el uso de la espada y si fuere necesario la preconiza para propagar el Islam. Sus encargados de ello, califas, emires, visires, muftis, imanes, sultanes o cualquier otro tipo de vicario terrenal tienen licencia para enfrentar pueblos infieles con las armas en la mano. El camino de la guerra les fue allanado por las palabras del profeta: «Hemos suscitado en medio de ellos, los cristianos, la enemistad y el odio que deben durar hasta el día de la resurrección» (V-17). Y el fin último que aguarda a quienes hacen la guerra a Mahoma y a Alá está decretado: «les condenaréis a muerte o les haréis sufrir el suplicio de la cruz; les cortaréis las manos y los pies alternados; la ignominia les cubrirá en este mundo y un castigo cruel les espera en el otro» (V-37).

Quienes por el contrario fueron convirtiendo otros pueblos a la religión de Cristo lo hicieron sin armas y con un mensaje de paz. Cristo no convocó guerrero alguno para proselitizar judíos y paganos. Congregó 12 antiguos pescadores y les dijo: «Id y convertid al mundo»; y al principal de ellos, a Simón Pedro, le encomendó la más pacífica de las misiones: «Apacienta mis corderos». A todos, apóstoles y discípulos, les aconsejó que no hicieran resistencia al enemigo. En su primera epístola a Timoteo fue San Pablo el que dijo «Dios quiere que todos los hombres se salven y todos lleguen al conocimiento de la verdad».

## LA CARIDAD

El concepto mahometano de la caridad no es tan vasto como el amor al prójimo del cristianismo ni tiene el sentido de ser opuesto a la animadversión. La caridad del Islam se aplica más específicamente a la ayuda a los pobres, las viudas, los huérfanos y los viajeros y sus principales formas externas de manifestarse son el *zakat* o impuesto, la limosna y la prohibición de la usura. Las limosnas y los auxilios se dan a los necesitados que pertenecen al mundo del Islam, no a los pobres o necesitados ajenos a esa religión.

La caridad se presenta a veces como piedad, otras como expiación y en fin otras como obligación de dar lo superfluo. Mientras el cristianismo concibe a la caridad en términos amplios que llegan hasta dar la túnica misma que nos protege y desaconseja amontonar riquezas, el Islam ofrece una visión más bien estrecha de la caridad. «Dad lo superfluo» dice *El Corán* que recomienda «no gastar en larguezas» (II-216 y 217).

*El Corán* especifica quienes deberán ser beneficiarios de la limosna, lo que da a entender que la caridad se manifiesta en acciones concretas sin que llegue a implicar «la ley en su plenitud», el fruto del espíritu, el vínculo de la perfección y la inspiración de todas las virtudes.

Mientras para el cristianismo la caridad representa el mayor mandamiento social, para los mahometanos se queda en el casuismo de acciones caritativas concretas sin alcanzar el sentido espiritual que emana del amor al prójimo. Coexiste así con la Ley del Talión y con las muchas invocaciones bélicas que caracterizan al *Corán*. Y coexiste también con la esclavitud si bien *El Corán* aprecia al dueño que libera a sus esclavos.

Que sus consecuencias económicas han sido desastrosas en todo caso para la población de los países islámicos lo muestran las más recientes estadísticas del Banco Mundial. Mientras en los países desarrollados del mundo occidental el promedio de ingreso por cápita es de $ 27.450 en los países musulmanes (excepción hecha de los que exportan petróleo) es de sólo $ 3.700. Osama bin Laden y los numerosos príncipes de Arabia Saudita son multimillonarios, mientras viven y mueren en la miseria la mayoría de los otros musulmanes.

## LA ESPERANZA

La esperanza recibe un especial tratamiento en el Libro Divino de los musulmanes. Ahí están las vívidas descripciones del Paraíso como mansión de los bienaventurados. Si se recuerda que el Islam nació entre hombres del desierto de la península de Arabia, se comprende, como se observó antes, que para ellos el Paraíso tome la forma de un gran oasis con jardines regados por corrientes de aguas cristalinas y en el que habitan mujeres exentas de toda mancha, lo que daría a entender que las otras mujeres, las que tuvieren alguna mancha, por pequeña que fuere y por mucho que haya sido su arrepentimiento, están excluidas del Paraíso. Las deliciosas sombras, las visitas de los ángeles, el más hermoso retiro en viviendas de lujo, los manjares que recibirán mañana y tarde, los brazaletes de oro y perlas, los trajes de seda, los jardines del Edén, son para los que creen y obran el bien, para los servidores de Dios, los «virtuosos», que son todos al parecer hombres. Es verdad que tampoco se dice que las pecadoras arrepentidas no tendrán acceso al cielo de Alá pero no es menos cierto que *El Corán*, que es claramente discriminatorio con las mujeres en otros preceptos, se torna aquí bastante oscuro y el *Hadiz* llega a decir que en el infierno hay mayoría de mujeres.

En realidad, *El Corán* tampoco es claro en cuanto a la verdadera naturaleza del cielo que promete a sus creyentes. Luego de haber descrito con los más risueños detalles al Paraíso de pronto hacia el sura XXXVIII ofrece de él un cuadro menos atractivo. Ya no son las vírgenes inmaculadas las que atenderán a los virtuosos sino «mujeres de mirada modesta e iguales a ellos en edad».

## LA PERSONA DE CRISTO

Otra diferencia básica del Islam con la religión cristiana se relaciona con la persona de Cristo, punto respecto al cual las discrepancias remontan según la historia a la reunión con los cristianos de Yemen en Najran en 631. Más de 500 años habían pasado desde la muerte de Cristo y sin embargo *El Corán* dedica más versículos a Cristo (93) y sus milagros que a ningún otro personaje ajeno al Islam. Varias veces hace referencia a los ciegos que recobraron la vista, a los tullidos que caminaron, a los leprosos que sanaron y a los muertos que resucitaron por obra de Cristo. Y es a la luz de esos milagros que Mahoma dispensa los grandes elogios que antes se mencionan a la figura de Cristo. Luego, sin embargo, recoge velas, acusa a Cristo de querer que lo adoraran al mismo tiempo que a Dios, niega que fuera hijo de Dios y lo pone como un simple servidor de Dios en el mismo plano que Adán, Elías o Zacarías (VI-85). Mahoma se hace enseguida un embrollo a propósito de la naturaleza de Cristo; reitera que no es hijo de Dios y le asigna la condición de familiar de Dios; modifica también los datos de la historia de Cristo diciendo que la Virgen María dio a luz en el tronco de una palmera y que al nacer cayeron dátiles maduros y que Cristo habló desde su cuna.

El divorcio definitivo con el cristianismo se produce en dos instancias fundamentales. La primera se halla en el capítulo IV del *Corán*, versículos 156 y 157. En estos versículos se dice que Cristo no fue crucificado como creen los cristianos. «Al enviado de Dios no lo han matado, no lo han sacrificado; un hombre que se le parecía fue puesto en su lugar» dice Mahoma y a seguidas repite: «No lo han matado realmente. Dios lo ha elevado a él y Dios es poderoso y prudente». Muchos años más tarde una subsecta chiita diría que Cristo escapó del Calvario, se refugió en Cachemira y fue sepultado en Srinagar. Entre errores y tergiveraciones la teología islámica se reduce en este punto a una negación de la Trinidad, una aceptación de tres libros sagrados: el Pentateuco, los Salmos y los Evangelios, todos considerablemente deformados y a un rebajamiento de la figura de Cristo. A quien la Iglesia Católica considera verdadero Dios redentor y salvador, *El Corán* le asigna la condición de «enviado de Dios» para anunciar la venida de un apóstol cuyo nombre será Ahmed (Ahmed es uno de los nombres con que es conocido Mahoma entre los musulmanes) (LXI-6). Jesucristo, el Redentor de los cristianos, pasa a ser en el concepto musulmán una especie de pre-Mahoma fallido.

## EL ABSOLUTISMO ISLÁMICO

Regularlo todo y encargar su aplicación a un solo poder con investidura divina equivale a establecer un Estado Totalitario con vocación global y facultades omnímodas. Los representantes de Alá en la tierra se arrogan la facultad de legislar, interpretar y hacer cumplir las leyes y éstas tendrán que respetar los principios del *Corán* y los preceptos de la *Sharia*. Es decir, ajustarse a lo que el profeta pensaba hace más de 1.300 años cuando la vida de un hombre se calculaba en camellos, la mujer se consideraba un ser inferior y abundaban las penas crueles, inhumanas o degradantes. Es esto precisamente lo que han hecho los chiitas de Irán y lo que hicieron los Talibanes en Afganistán. Un control absoluto en el que la clerecía se permite el lujo de delegar en laicos ciertas funciones de gobierno como sucede en Irán con la función presidencial ocupada por un fanático laico sin que el alto clero renuncie a su función directriz. No será fácil, sin embargo, hacer lo mismo con la rama sunita del Islam que carece de jerarquía eclesiástica.

Es curioso por otra parte que en parte alguna del *Corán* se definen con claridad cuales son los derechos de los súbditos del Estado islámico. La cuestión de los derechos individuales, de los derechos humanos, tiene al parecer poca monta para los teólogos musulmanes. Todos los poderes para el Estado Teocrático; migajas de poder para el pueblo. Cierto que *El Corán* se preocupa por la suerte de débiles y explotados y que Mahoma pronosticó castigos de fuego para los que no liberaran a sus esclavos, pero en parte alguna del Islam se establece su abolición y como se observó antes la propia emancipación depende de ser el esclavo digno de ella y haberla solicitado por escrito. *El Corán*, minucioso en fijar reglas del comportamiento social, se olvida de hacer referencia a los derechos de hombres y mujeres frente a los abusos de los amos o de las autoridades.

La admonición contraria a la esclavitud no parece haber surtido mucho efecto entre los árabes. Oriundos de países árabes fueron en efecto los primeros traficantes de esclavos negros de la Edad Moderna y la existencia de esa institución en Arabia, antes y después de Mahoma, está ampliamente documentada.

## ÁNGELES, JINNS Y MONASTERIOS

De igual modo que el cristianismo el Islam tiene su corte de ángeles, arcángeles y serafines y cree también en la existencia del demonio (designado en *El Corán* como Satán el Apedreado), a todo lo cual añade un personaje curioso y exclusivo del Islam que puede ser ángel o diablillo llamado jinn (o yinn). Los jinns son seres creados del fuego a medio camino entre los hombres y los ángeles. El elenco de los ángeles también presenta características *sui generis* pues comprende una singular clasificación, según su ocupación, de ángeles secretarios, viajeros y observadores, dedicados estos últimos a tomar nota de los fieles que asisten al culto del viernes.

Los islamitas no creen en el bautismo ni aceptan los demás sacramentos ni creen que fuera de sus cinco deberes haya otros signos sensibles de bendición, comunicación o dispensación. Profesan, eso sí, ideas muy drásticas sobre quienes no son musulmanes y qué medidas deben tomarse con respecto a estos últimos. Mientras el cristianismo se ufana de ser una civilización del amor, el islamismo se inclina a privilegiar a sus fieles y adoptar posturas beligerantes contra quienes profesan otras religiones o simplemente no creen en la causa islámica.

En la vida eclesiástica se apartan de nuevo las dos religiones. A través de la historia los cristianos han fundado conventos y monasterios siendo así que los musulmanes no aceptan la vida monástica. «La vida monástica ha sido inventada por ellos» dice *El Corán* con cierto desprecio (LVII-27).

Hay asimismo gran diferencia en la liturgia que es mucho más elaborada en las iglesias cristianas, las cuales distinguen desde el comienzo el rito latino del rito oriental y prevén diferentes formas de celebrar los oficios divinos según se trata de la liturgia eucarística, la de la palabra, la de los tiempos (Adviento, etc.) y la de las horas. En el Islam la liturgia se reduce al ritual que debe observarse en el cumplimiento de los deberes del creyente.

## DIFERENCIAS EN LA MANERA DE TRATARSE

El cristianismo y el Islam se distanciaron desde el principio en el trato que mutuamente se dan. La Iglesia católica ha sido más cuidadosa en el uso de los calificativos que adjudica al Islam, sobre todo en sus textos básicos. No hay mención alguna de los musulmanes en el Catecismo aprobado en 1992 y el Papa Benedicto XVI ofreció disculpas al Islam por las referencias que hizo de Mahoma en el discurso que pronunció en Ratisbona en 2005. La Iglesia Católica ha sido históricamente mucho más dura con el judaísmo y las ramas protestantes del cristianismo que con el Islam. Es verdad que Urbano II proclamó una cruzada contra los islamitas árabes y que Bonifacio IX lo hizo en 1396 contra los islamitas otomanos. Pero ha habido también otras grandes figuras de la cristiandad que han hecho gestos de amistad.

Cuando San Francisco de Asís visita al sultán de Egipto en tiempos de la quinta Cruzada lo hizo en son de paz y con la intención ingenua de convertirlo. Asimismo, cuando el Papa Pío II escribe a Mehmet a fines del siglo XV y le invita a hacerse cristiano le ofrece como compensación el reconocimiento de su gobierno. El emperador Federico y el mayorquín Ramón Llul tuvieron también gestos de sincera amistad así como en la actualidad los muestra el teólogo protestante Hans Kung.

Es en todo caso innegable que a lo largo de la historia cristianos y musulmanes han intercambiado acusaciones e improperios de todo tipo. Aún más graves han sido las brutales agresiones auspiciadas por una y otra religión. Sin embargo, en los últimos años, cuando la racionalidad impregna las creencias y se ha hecho sentir el ecumenismo, el lado cristiano ha procurado armonizar sus relaciones con el Islam. Tal como se dijo antes, el Islam en cambio tilda a los cristianos de hipócritas, perversos y dignos del mayor oprobio. Mahoma inculpaba a los cristianos de haber alterado las Escrituras para suprimir toda referencia a su llegada. Y en tiempos recientes tampoco se ha mostrado propicio el Islam a los contactos y discusiones de tipo ecuménico.

Ningún país cristiano prohibe que los musulmanes que en ellos habitan cumplan con los deberes de su religión incluso públicamente y construyan mezquitas. Sin embargo, lo contrario no ocurre: en los países islámicos más radicales donde los cristianos no pueden rezar ni persignarse en público.

Otras diferencias históricas toman la forma de enfrentamientos y se remontan a los primeros tiempos del Islam. Recuérdese que fue el segundo califa, Omar, el que dispuso el exterminio de los cristianos en Siria y con contadas excepciones la animadversión continuó desde entonces hasta Osama bin Laden, pasando por Harum-al Rashid, Al Mansur, Suleyman el Magnífico y otros acérrimos enemigos de la cristiandad.

Otras afinidades fueron efímeras o más bien de menor cuantía. La prohibición de las imágenes del Islam tiene su paralelo en los iconoclastas cristianos del siglo IX. A su vez el acto de limpieza y purificación del templo realizado por Mahoma luego de su victoria en la Meca tiene su antecedente en la expulsión de los mercaderes del templo hecha por Jesús. Y también las ablusiones del Islam tienen su antecedente en las oblaciones y demás ritos de purificación contenidos en el Levítico.

# CAPÍTULO X

# EL ISLAM Y LAS MUJERES

**SERES INFERIORES O SIMPLE SUBESTIMACIÓN**

El espectáculo es común a casi todas las grandes ciudades europeas. Grupos de mujeres veladas o enfundadas en sus burqas desfilando por calles, parques y otros sitios públicos, casi siempre acompañadas por un hombre de andar desenvuelto y ropas occidentales. Tienden a predominar en los vestidos de las mujeres los colores negros mientras los hombres llevan festivas y multicolores camisas deportivas. Es un contraste que a todas luces parece discriminatorio y humillante pero que al parecer la mujer musulmana no tiene reparos en exhibir. A ellas se les obliga a parecer sombras malditas, portadoras del luto y la tristeza. Olvidan que una cosa es vestir de manera provocativa y otra condenarlas a ver el mundo tras estrechas rendijas. No todos los musulmanes lo aprueban, sin embargo, pues hay algunos partidarios de modernizar al Islam que cuestionan su exigencia aduciendo que responde a influencias anacrónicas persas.

La diferencia de indumentaria no es más, sin embargo, que una pequeña parte del trato inferiorizante que en general se dispensa a las mujeres. Su religión les ha en verdad impuesto dos estigmas: el de ser algo así como tentaciones ambulantes y el de ser incapaces de regir sus propias vidas. Esto último lamentablemente se observa en casi todos los órdenes: en el manejo de sus bienes, en sus relaciones maritales, en sus derechos sucesorios y en su forma misma de rezar.

Lo más grave es que todo ello se deriva de una premisa infamante explícitamente consagrada en *El Corán*: la mujer es un ser inferior al hombre, una especie humana secundaria, un ser imperfecto. Se justifica en el versículo clave esta cuestión (IV-38) aduciendo 1) que Dios ha favorecido a los hombres con cualidades que lo elevan por encima de las mujeres y 2) que ellos gastan parte de sus riquezas en favor de ellas. A partir de esas aseveraciones el propio versículo dispone que las mujeres piadosas sean sumisas y reservadas en ausencia de sus maridos y que éstos tengan derecho a azotarlas cuando sean desobedientes. Poca importancia tiene el que se mencione la amonestación como paso inicial seguida de su relegación a un lecho aparte así como que se prevea que no se maltrate a la mujer obediente; lo que cuenta es que al final el marido tiene derecho a golpearlas y que las desobedientes quedan indefensas.

Y es que en definitiva las mujeres fueron creadas para los hombres: «Vuestras mujeres son vuestro campo. Id a vuestro campo cuando queráis» (II-223). Pero *El Corán* añade que el hombre debe actuar con prudencia y desconfiar de las mujeres ya que al contar la historia del personaje bíblico José (XII-28) dice que «son grandes los engaños de la mujer» e insinúa que «son capaces de grandes astucias».

## LAS VARIAS FORMAS DE DISCRIMINACIÓN

Mientras que la religión de Cristo coloca a las mujeres en pie de igualdad con los hombres y erige a María en madre de Dios, para los musulmanes las mujeres son seres subalternos «a causa de las cualidades que Dios dio a los hombres por encima de las mujeres». Lo dice *El Corán*: «los maridos son primero que sus mujeres» (II-228); «los hombres son superiores a las mujeres, las mujeres virtuosas son obedientes y sumisas, el marido tiene derecho a reprenderlas y azotarlas cuando estimen que vayan a desobedecerle» (IV-38). Son los signos de una religión machista y discriminatoria que pone a las mujeres a los pies de sus maridos, los antiguos guerreros del desierto; hay otros preceptos que contradicen lo anterior prescribiendo 100 latigazos para hombres y mujeres que incurran en falta y exculpando a la mujer que jura cinco veces su inocencia pero invocando la ira de Dios si el marido tuviere razón.

Esa discriminación que tuvo su origen en *El Corán* cobró fuerza con el papel supuestamente sedicioso desempeñado por Aisha en la llamada guerra del camello, guerra que inicia la escisión del mundo islámico y se perpetuó por la disposición contenida en un *alhadiz* que reza así: «No conocerá nunca la prosperidad el pueblo que confía sus asuntos a una mujer». A partir de este aforismo que figura en el 13° volumen del compendio de Bujari del siglo IX se arraigó la exclusión de las mujeres de la vida política de los países musulmanes. El caso de Benazir Bhuto en Pakistán y el de Masuma Al Mubarak, Primer Ministro de Kuwait son dos raras excepciones.

En el reparto de los bienes de una herencia, Alá manda dar al varón el doble, es decir la porción de dos hijas ((IV-12). Tratándose de cónyuges sin hijos, el marido sobreviviente recibe la mitad de lo que dejan las esposas, en tanto que a ellas les pertenece la cuarta parte de la herencia. Si hubiere hijos las mujeres tendrán el octavo de la herencia después de los legados hechos y las deudas pagadas (IV-14).

Ante los tribunales, el testimonio del hombre vale por el de dos mujeres. A tenor de la práctica wahhabi las mujeres no pueden conducir automóviles ni ser admitidas en un hospital sin el consentimiento del marido ni tampoco viajar sin acompañante masculino. Las mujeres que trabajan sólo pueden comunicarse con supervisores o clientes por medio del teléfono. Son formas humillantes de discriminación que tocan los límites del vejamen y cuya única pretendida justificación es que Alá hizo al hombre más fuerte que a las mujeres.

Otra forma de menosprecio consiste en algunos dichos del profeta que separan a las mujeres de los hombres en la oración del viernes, así como en juzgar a las mujeres como seres capaces de interferir y desconcertar a los hombres en el camino de su salvación. No solamente les conmina a esconder sus atractivos tildándolas de tentaciones ambulantes sino que les atribuye indirectamente la realización de astucias que perjudican las buenas intenciones de los hombres. A éstos se dirigen las instrucciones del *Corán* dirigidas a encontrar favor en el día del Juicio Final. Que las mujeres se salven o condenen no es al parecer una preocupación primordial del Libro de Dios. Aun para las mujeres fieles y buenas *El Corán* (LXI-12) dice que hay que implorar el perdón de Dios para ellas. Las mujeres sigue diciendo *El Corán* fueron creadas de y para los hombres («creadas de vosotros mismos»), «de vuestros riñones».

Mahoma al parecer no advirtió que la concupiscencia y la lujuria son tan marcadas o mayores entre los hombres que entre las mujeres.

Las restricciones impuestas a las mujeres afectan asimismo a sus posibilidades de obtener la educación y los trabajos que deseen. En los regímenes más estrictos como fue el de los Talibanes en Afganistán ambas cosas les fueron vedadas. Aun en países más tolerantes las mujeres que asisten a centros docentes tienen que sentarse a distancia discreta de sus compañeros varones o estar separados por un velo. Lejos de evolucionar en el sentido de una mayor libertad el Islam ha retrocedido en este respecto pues en otras épocas hubo muchas mujeres que fueron juristas de fama y llegaron a ser reconocidas como las más prestigiosas autoridades en la enseñanza del *Hadiz*.

Muy diferentes son asimismo las disposiciones que regulan la institución del matrimonio. En lugar del respeto y solemnidad que el matrimonio merece en las otras religiones monoteístas, el matrimonio adquiere en el Islam características contractuales en las que la dote (del marido a la mujer) se destaca como el elemento crucial y cuyo monto muchas veces es objeto de arduas negociaciones por los padres de los contrayentes. La formalización del casamiento está muchas veces condicionada a las posibilidades de dar una dote adecuada. (En Egipto el matrimonio islámico cuesta $7,500 como promedio). El matrimonio es pues un asunto de personas pudientes. De cierto modo a los pobres se los condena al celibato (IV-33), al concubinato o a casarse con una esclava creyente.

Con respecto al divorcio llama la atención que casi todas las disposiciones se refieran al derecho que tiene el marido de repudiar a su mujer. Al marido se le da el derecho de repudiar a discreción; la mujer necesita justa causa para el divorcio. Éstas no pueden repudiar fácilmente sino ser repudiadas. Al hombre se le dan cuatro meses de reflexión antes de efectuar el repudio que debe hacerse ante testigos y con el compromiso de tratarla honestamente y no apropiarse de lo que se le hubiere dado. El repudio puede hacerse dos veces. Todo lo cual se aparta del mensaje de los Evangelios que Mahoma decía haber aceptado. «Lo que Dios ha unido, que no lo separe el hombre» (Marcos 10-9). A la mujer se le priva de la custodia de los hijos después del divorcio si bien se le reconoce el derecho de amamantar a sus hijos durante dos años.

## OTRAS DISPOSICIONES SOBRE LAS MUJERES

Otro punto interesante de la filosofía islámica es la obsesión con la virginidad y el sexo. La descripción del paraíso que *El Corán* promete a los mártires repite una y otra vez que las famosas huríes no sólo tienen grandes ojos negros sino que son vírgenes, que son de modesta mirada, que jamás han sido tocadas. Llama asimismo la atención la reseña que el sura LXVI-5 hace de las esposas que Dios puede darle al profeta si éste decidiera repudiar a Hafsa y Aisha. Las sustitutas serían mujeres musulmanas y creyentes, piadosas, que gustan de arrepentirse, sumisas y que observan el ayuno. No importa que sean casadas o vírgenes, todas serían mejores esposas.

Al profeta le preocupaba además que alguna de sus mujeres le fuera infiel y advierte que si ello sucediere Dios «aumentará la pena en el doble» (XXXIII-30). *El Corán* había dejado claro que «las mujeres virtuosas son obedientes y sumisas» y dejó constancia de las medidas que deben tomarse cuando las mujeres cometen «la acción infame». Ya se vio antes cómo la lista de castigos aplicables a la mujer culpable comprende, según la tradición, el látigo, el encierro y la lapidación. El castigo deberá aplicarse en presencia de un cierto número de testigos. Algún progreso se ha logrado, no obstante, con la caída en desuso del emparedamiento.

*El Corán* incluye disposiciones sobre las reglas de las mujeres y sobre el tiempo que debe transcurrir para que la mujer repudiada pueda volver a casarse (tres menstruaciones). Todas esas regulaciones están presididas por dos principios inmutables. «Los maridos son primero que las mujeres» (II-228) y «vuestras mujeres son vuestro campo. Id a vuestro campo cuando queráis». De cierto modo a las mujeres se les equipara pues a una cosa o a un juguete y sobre esa cosa el marido puede enseñorearse sin límites. Añádase el derecho a azotarlas y no creo haya otra religión que incluya semejante discriminación. La discriminación llega al máximo en el *alhadiz* que asimila la mujer al perro y al burro como perturbadores de la oración. Y de esa aversión a las mujeres hay pruebas en otros *alhadices* incluidos en el registro de Bujari. Uno de ellos dice «No he dejado tras de mí una causa de disturbio más nefasta para el hombre que las mujeres». Otro aún más penetrado de menosprecio es el que reza así: «Eché una mirada al paraíso y observé que la mayoría de los que allí estaban eran pobres. Eché una ojeada al infierno y observé que la mayoría eran mujeres».

El menosprecio y el abuso alcanzan su máxima expresión en países como Arabia Saudita, donde se aplica la *sharia* y se prohibe que las mujeres ocupen el asiento delantero cuando son trasladadas en auto manejados por sus maridos o empleados. En ese país se prohibe que ingresen en un hospital sin el consentimiento del marido y permiten en cambio al marido que tenga otra u otras mujeres sin informar de ello a su primera esposa. En Irán se prohibe que las mujeres asistan a juegos de fútbol.

En un país tan importante como Egipto aún se sigue practicando la mal llamada circuncisión genital de la mujer. El gobierno y sectores liberales del Islam se oponen a esa práctica pero el 75 por ciento de las mujeres musulmanas son víctimas de ella. Y a pesar de los avances educacionales logrados últimamente en los países más modernizados aún se estima, por otra parte, que más de la mitad de las mujeres musulmanas son analfabetas.

Abundan, por último, los casos de mujeres que son víctimas de asesinatos que se cometen en la llamada defensa del honor de la familia. Si una mujer pierde su virginidad, aunque sea por haber sido violada, un hermano u otro miembro cualquiera de la familia tiene el deber de matarla para lavar con sangre el honor de la familia. En Siria, por ejemplo, un promedio de 300 mujeres perecen cada año de esa manera.

## LA VUELTA AL VELO Y LA BURQA

¿Ha habido cambios en la condición de la mujer? El doble proceso de modernización y globalización que esta teniendo lugar en el mundo ha traído consigo en algunos países un progreso en el reconocimiento de los derechos de la mujer, si bien ese progreso no se ha producido en forma lineal sino con alzas y bajas. Reformas de orden político y económico significaron mejoras sustanciales y hasta algunos países como Argelia en 1963 consagraron la equiparación total con el hombre y otros les concedieron el derecho al divorcio, a ejercer profesiones, y a incluir cláusulas de monogamia en el contrato matrimonial. Empero, apenas empezó a cobrar fuerza la campaña de liberación de la mujer cuando ella fue bruscamente detenida por la irrupción del fundamentalismo. Volvió a imponerse el velo y hasta la burqa. El velo (*hizab* o *huyab*) desempeña el papel real de ser una barrera entre el hombre y la mujer, como un umbral o «frontera con el espacio de lo prohibido». Es también un símbolo, una manera de decir al mundo; «soy musulmana y estoy orgullosa de serlo».

Cabe recordar que en la Biblia se menciona también el uso del velo pero sólo con referencia a una mujer pública «que se había cubierto el rostro» (Génesis 38-15).

El uso del velo se ha convertido para el Islam en símbolo político, algo así como un desafío al modo de vida occidental. En Francia el gobierno ha prohibido su uso en las escuelas públicas pero las mujeres adultas lo siguen llevando. En Turquía una ley prohibió su uso en los edificios públicos pero la esposa del actual presidente lo exhibe en todas partes. Para los seguidores de Mahoma el velo es parte integral de los deberes que el profeta impuso a la comunidad. Los críticos dicen que el velo cubre la cabeza y tapa el cerebro. Algunos fundamentalistas creen que el velo que usan muchas mujeres modernas es pecaminoso porque permite ver parte de sus cabellos (lo que significa que al parecer hay un velo bueno y otro malo).

En Afganistán, volvieron a restringirse las facilidade educacionales y laborales que habían ido obteniendo. Se les privó del derecho a moverse libremente y en algunos países islámicos incluso se les quitó el pasaporte y se les obligó a permanecer en sus casas a menos que un familiar varón les acompañe. Se resucitaron prácticas anacrónicas de subordinación y de matrimonios dispuestos por la familia desde que la mujer llega a los 13 años. Resucitaron los casamientos temporales y de cierto modo se volvió a generalizar la poligamia que en sus orígenes se explicaba por el superávit de mujeres causado por su no participación en las guerras. Lo que la corriente fundamentalista ha aportado al mundo islámico es el triste espectáculo de las mujeres que sólo se dejan ver a hurtadillas en sus casas.

## DECLIVE Y RENACER DE LA POLIGAMIA

En los países islámicos más expuestos a los influjos de la modernización la poligamia estaba a mediados del siglo XX perdiendo terreno. En India, Indonesia, Pakistán y los países del norte de África, de estrechos contactos con Occidente, la monogamia se estaba generalizando al calor del mayor respeto debido a la mujer. Mas esa corriente que fortalecía el matrimonio como alianza indisoluble del hombre y la mujer basada en la fidelidad y la complementariedad, está volviendo a perder importancia ante los embates del fundamentalismo. Vuelve así a ser común la cohabitación con varias mujeres al menos en los países fundamentalistas que muestran escaso respeto por la dignidad de la mujer.

Ese renacer de la poligamia tiene viejas raíces; como se vio antes, los sucesores del profeta siguieron su ejemplo en lo que hace a tener una pluralidad de esposas. El hijo de Alí, Hasan, batió todas las marcas conocidas casándose a lo largo de su vida con 70 mujeres.

La práctica de la poligamia se fue así prolongando entre musulmanes más o menos piadosos sobre todo si eran ricos y disponían de recursos suficientes para mantener un grupo numeroso de mujeres que excedía con mucho a las dos, tres o cuatro mujeres que el profeta puso como límite (IV-3). En fin de cuentas esa retricción era aplicable sólo con respecto a «las mujeres que os gusten» y para frenar a los que temían no ser justos o equitativos. No concurriendo esas circunstancias tal parece que no hay límites en el número de uniones. Como se mencionó en el capítulo I el millonario padre de Bin Laden procreó más de 50 hijos, lo que algunos exégetas de la ley islámica explican refiriéndose a las apremiantes exigencias sexuales que algunos hombres sienten. Mas lo que al principio podía explicarse por razones demográficas hoy carece de justificación moral. La poligamia de los antiguos patriarcas se considera en la actualidad contraria a la dignidad personal de la mujer, a la fidelidad que se deben los cónyuges y a los principios del cristianismo relativos a la unidad e indisolubilidad del matrimonio.

Al margen de la cuestión de la poligamía es justo reconocer que se han realizado esfuerzos de reforma dirigidos a elevar la condición de la mujer. Hasta ahora, sin embargo, esos esfuerzos han dado muy pocos frutos y la mujer islámica sigue disminuida y en régimen de tutela permanente.

# CAPÍTULO XI

# LAS SECTAS

La proliferación de sectas y subsectas, visible también en otras religiones, presenta características particularmente agudas en el caso del Islam. *Fitna* es la palabra árabe que designa esas reiteradas escisiones pero que también alude a corrupción o traición. En total se calcula que ha habido alrededor de un centenar de sectas o subsectas en la historia de esa religión. Y más allá de las sectas y subsectas se estima que hay más de 2.500 grupos islamitas más o menos organizados que están al presente activos. No solamente hubo escuelas o técnicas distintas de interpretación de sus textos sagrados (la secta sunita, por ejemplo, tiene cuatro distintas escuelas de jurisprudencia), sino que son frecuentes también otras pugnas y escisiones de la mayor envergadura, algunas de las cuales han durado siglos. Cismas, insurrecciones, persecuciones, asesinatos y venganzas tipifican la historia de las primeras etapas del Islam. Las tendencias divisionistas aún perduran y son ostensibles en el Irak de hoy donde sectas importantes se fragmentan a menudo en facciones que luchan entre sí. Son tantas las escisiones que algunos observadores piensan que ellas son consubstanciales a la índole de esa religión. Pocos movimientos religiosos han tenido en todo caso una vida tan tumultuosa y violenta como el Islam.

Con singular premonición *El Corán* se refiere a esas divisiones y las atribuye a la envidia (XLII-13) pero no hay duda que otras causas han estado también en acción. Curiosamente, uno de los puntos en que las cuatro escuelas sunitas de jurisprudencia están de acuerdo es en la importancia de la *yihad* o guerra santa. El arrebato con que las sectas principales se acometen unas a otras tiene también su origen en las propias fuentes que se consideran divinas. Allá por el sura XLIX, *El*

*Corán* se refiere a la guerra entre dos naciones de creyentes y en ausencia de reconciliación entre ellas prescribe el combate contra la que procedió injustamente o con iniquidad. Y es en ese mismo sura donde se hace hincapié en tres situaciones que parece difícil concordar: 1) no os dividáis en sectas (11); 2) pero ellas surgirán por envidia y tras haber recibido la ciencia (13); y 3) Dios nos reunirá a todos pues es el término de todas las cosas (14).

Otra plausible explicación de la proliferación de sectas y cismas se relaciona con la ausencia de una jerarquía eclesiástica capaz de definir dogmas y condenar herejías. Ese vacío ha permitido la existencia en el Islam de los más disímiles y extravagantes movimientos. Cualquier fanático ha podido reclamar santidad; cualquier desviación ha podido aducir su filiación ortodoxa.

El cadáver de Mahoma se hallaba aún insepulto cuando comenzaron las querellas entre los fieles oriundos de La Meca (los inmigrantes) y los fieles habitantes de Medina (llamados ansars). Hubo también disputas entre los árabes del norte que eran nómadas y los más sedentarios árabes del sur. El proyecto del profeta de una gran comunidad indivisa se malogró en el punto mismo de su sucesión. El hecho de haberse fusionado en el Islam el poder espiritual con el temporal tendía a estimular apetencias y ambiciones.

A la época de los primeros califas se le conoce como la Edad de Oro del Islam. Sin la determinación y valor de esos sucesores del profeta no habría existido el Islam. Mahoma habría sido recordado como una verdadera «vox clamantis in deserto». Sin embargo, el éxito de esos primeros califas estuvo también teñido de sangre. En la llamada «batalla del camello», ocurrida en 634, perecieron 10.000 musulmanes, y en la de Siffin, unos 70.000, y estas batallas pertenecen a esa primera etapa de la vida del Islam.

Al presente la rivalidad se sigue nutriendo de viejos factores históricos. ¿Acaso no alega ser descendiente directo del profeta el sunita rey Abdula de Jordania y no es en cambio de prosapia chiita la virtual dinastía alawite que rige los destinos de la vecina Siria? ¿Y no están aún esperando los chiitas de Irán la reaparición del imán oculto hace mil años? Tan profunda es la división que un prominente líder de la comunidad sunita de Irak declaró hace poco que no podía haber victoria real contra cristianos y judíos sin la previa aniquilación de los chiitas. En el fondo el problema estriba en que todos los grandes jefes o guías se consideran infalibles y ninguno acepta el pluralismo.

## LAS DISPUTAS DEL CALIFATO

Hablar de las sectas requiere ante todo hablar de los cuatro primeros califas y sus vástagos. Los primeros califas (sucesores de Mahoma) desempeñaron un papel crucial en el nacimiento y consolidación del Islam. Curiosamente, todos tenían una relación familiar estrecha con el profeta; dos fueron suegros y dos yernos de Mahoma. El primer califa Abu Bakr cuya hija Aisha fue esposa del profeta le imprimió respetabilidad a la sucesión dada su condición de compañero fiel que estuvo desde el comienzo al lado de Mahoma. Sin embargo, fue sólo gracias a la oratoria vehemente y al apoyo incondicional de Omar que Abu Bakr fue elegido como el primer califa (por una junta de seis prominentes *mumins*) y pudo mantenerse en el cargo los últimos dos años de su vida. Fue durante su ejercicio que se libraron las guerras contra la apostasía.

A Abu Bakr le sucedió Omar quien inicia las guerras de conquista tomando a Jerusalén y anexando a Siria y Egipto. A Omar se le atribuye la destrucción de la biblioteca de Alejandría que llegó a tener medio millón de volúmenes. «Si esos libros concuerdan con *El Corán* resultan superfluos y si están en contra no tienen razón de existir» dicen que adujo el califa. En realidad, sin embargo, la biblioteca principal había sido arrasada ya en el siglo III. Omar rigió durante diez años y murió apuñalado por un esclavo persa mientras oraba en su casa.. Fue sucedido por Uzmán también Coraix (*Quraysh*) pero miembro de un clan rival del grupo del profeta. Uzmán fue elegido por un conclave de personalidades de la Meca. Le ayudó no obstante el estar casado con una hija de Mahoma llamada Roqaia. Uzmán fue asesinado en Medina en 656 por una multitud rencorosa que le acusaba de ser un mal gobernante. Había sido él, sin embargo, el que estableció la versión oficial del *Corán* y el continuador victorioso de las guerras de expansión. Le siguió en el poder Alí, primo del profeta y casado con su hija Fátima. Figura carismática y batallador intrépido, el reinado de Alí pronto tomó un rumbo tumultuoso que desembocó en guerra civil. Alí fue asesinado mientras oraba en su casa por un decepcionado miembro de una secta radical. Los chiitas creen que tanto él como sus primeros sucesores fueron asesinados por califas sunitas.

La violencia fue pues siempre un factor decisivo en la designación de los primeros califas. Unas veces fue el asesinato, otras la guerra civil y otras las intrigas palaciegas. La discordia era grande y fue en el curso de la batalla de Siffin que de una escisión del ejército de Alí surgió un grupo de extremistas (*jariyistas*) que alegaba que sólo Alá y no los hombres podía designar al califa. Frente a los reclamos de índole hereditaria los *jariyistas* sostenían que cualquier persona con excepcionales aptitudes, incluso un esclavo, podía ser califa. Todavía existen *jariyistas* en el sur de Argelia y Omán.

Es difícil ofrecer un cuadro de la complicada madeja de grupos organizados que componen el Islam. Sin embargo, a manera de simplificación y con todas las reservas del caso he aquí una gráfica de base histórica sobre las principales sectas y subsectas del Islam.

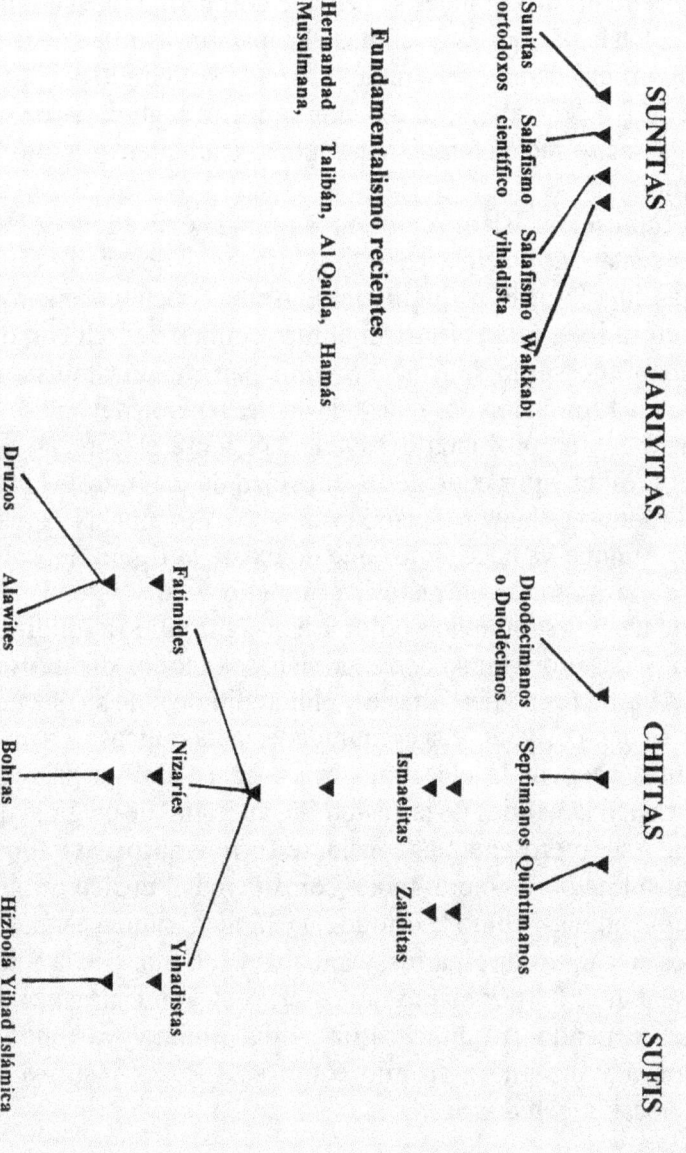

# PRINCIPALES SECTAS Y SUBSECTAS DEL ISLAM

**SUNITAS**

- Sunitas ortodoxos
- Salafismo científico
- Salafismo yihadista
- Wakkabi

**Fundamentalismo recientes**
Hermandad Musulmana, Talibán, Al Qaida, Hamás

**JARIYITAS**

**CHIITAS**
- Duodécimanos o Duodécimos
- Septimanos Quintimos
- Ismaelitas
  - Fatimides
    - Druzos
    - Alawites
    - Nizaríes
      - Bohras (Asesinos)
    - Yihadistas
      - Hizbolá Yihad Islámica
- Zaiditas

**SUFIS**

## SUNITAS Y CHIITAS

Hablar las sectas islámicas requiere también discutir el origen y características de las dos grandes sectas que dominan desde su inicio la historia del Islam: sunitas y chiitas. La palabra sunita viene de *sunna* que significa costumbre o tradición ligada al ejemplo del profeta. Chiita se deriva del árabe *sh-at-Ali*, que significa seguidores de Alí. Esas dos palabras se suelen también usar como equivalentes a ortodoxia y disidencia.

La gran ruptura del Islam representada por la existencia de esas dos grandes sectas, no nació en virtud de disputas doctrinales o de discrepancias ideológicas o dogmáticas. Ambas sectas aceptan *El Corán* casi en su integridad. Tanto el chiita régimen de Irán como el sunita (wahhabi) gobierno de Arabia Saudita han creado Comisiones similares para la Promoción de la Virtud y la Prevención del Vicio. Lo que les separa es una profunda desavenencia sobre el derecho a la sucesión del profeta y por ende de la autoridad del califato. Al calor de esa desavenencia se han producido insalvables diferencias y cruentas disputas. Aunque ya hace siglos que no existe la figura del califa el impacto de la importancia histórica que ello tuvo y la enconada rivalidad actual por la supremacía política han contribuido a solidificar la separación. En su origen se contraponían dos modos distintos de selección del califa (el no hereditario y el hereditario); de subsecuentes choques se han derivado dos comunidades antagónicas.

Los sunitas aceptan la elección por consenso de los primeros califas y sostienen la validez de la costumbre ancestral de elegir al que la comunidad o sus representantes consideren el miembro más valioso, «el mejor musulmán». En cierto modo constituyen el núcleo original y se consideran algo así como la ortodoxia islámica, si bien están a su vez divididos en sunitas originarios, wahhabis y salafitas. En la actualidad representan el 85 por ciento de los creyentes musulmanes. Lo irónico es que cuando el quinto califa sunita Muhawyya fundó la dinastía Omeya y designó a su hijo como su sucesor instituyó de hecho una sucesión hereditaria.

Trazar los orígenes de la secta chiita requiere una referencia previa a Alí primo de Mahoma (era hijo de Abú Talib, el tío que crió a Mahoma) y también yerno del profeta por haberse casado con Fátima, hija de Mahoma y Jadiya. Fue la elección de Alí como cuarto califa lo que dio inicio al pleito sucesorio: la elección fue primero impugnada por Aisha una de las viudas del profeta y luego tachada de espúria por quienes lo acusaban de haber instigado el asesinato de su antecesor, el califa Uzmán. Alí se enfrentó a Aisha en la Batalla del Camello (aludiendo al que ella montaba) que inició la gran querella. Alí ganó la batalla pero fue asesinado en 661. De su matrimonio con Fátima dejó dos hijos, Hassan y Husayn o Hussein. El primero renunció al califato en favor de Muhawyya, un pariente de Uzmán que estableció en Damasco la dinastía Omeya. Buen diplomático, Muhawyya logró la renuncia de Hassan ofreciéndole una pensión y un retiro apacible en Medina. Husayn en cambio reclamó su derecho al califato alegando su condición de descendiente directo de Mahoma. Se enfrentó a Muhawyya en la batalla de Kerbala en la que muchos de sus seguidores fueron muertos y él mismo asesinado con su familia. Desde entonces los chiitas conmemoran con la mayor solemnidad la masacre y martirio de los descendientes del profeta. Para ellos el liderazgo del Islam corresponde a los miembros de esa familia y a sus descendientes que reúnan las condiciones para ser *imán*. Esa postura les llevó a rechazar las dinastías Omeya y Abbasid o Abáside. Alegan también que Mahoma se refirió en una ocasión a Fátima, Alí y sus hijos con el pronombre posesivo «nuestros» lo que a su juicio indica la íntima unión e inseparabilidad de Mahoma y su familia. Kerbala y su secuela sellaron en todo caso para siempre la enemistad entre sunitas y chiitas.

Los chiitas sintiéndose además perseguidos establecieron tienda aparte moviéndose hacia el oriente, ubicándose primero en pequeñas comunidades aledañas al Mar Caspio y en Yemen y finalmente en Persia. El chiismo no es oriundo de Irán (la antigua Persia); fue llevado allí por árabes disidentes. Fue sólo en 1501 que fue declarada la religión oficial de Persia.

## LAS DINASTÍAS

Investidos de poder absoluto era natural que los califas tendieran a mantener el mando en su propio clan y así establecer dinastías. La sucesión de califas soberanos generalmente comenzaba y terminaba con gran derramamiento de sangre. La primera dinastía que fue la de los Omeyas (derivada a su vez de los originarios Coraix) se instauró después de la muerte de Alí y de Husayn y terminó cien años después con la eliminación del califa y de toda su familia. Quienes fraguaron tan siniestro final habían organizado un gran banquete al cual invitaron a 70 altos dignatarios todos los cuales perecieron. Sólo uno, Abd al Ramán, nieto del califa, se excusó de asistir al banquete y pudo escapar cruzando a nado el río Éufrates. Algún tiempo después reapareció en España y allí supo apoderarse del mando en Córdoba donde se llegaría a establecer un califato independiente.

Los Omeyas se sucedieron en el poder del año 661 al 749 y dieron 14 califas. Establecieron su sede en Damasco y continuaron las guerras de expansión ocupando el norte de África, invadiendo España y ganando la gran batalla naval de Fénix contra el Imperio Bizantino. El reinado de los Omeyas termina en medio de grandes orgías y derroche de abusos e impudicias. El califato omeya de Córdoba subsistió hasta el año 1031 dejando el recuerdo de grandes construcciones y de una excepcional convivencia con cristianos mozárabes y judíos.

En Córdoba residirían más tarde, en el siglo XII, dos grandes eruditos que procuraron conciliar sus respectivas creencias con la razón: Averroes filósofo árabe nacido en 1126, y Maimónides, teólogo y médico judío que vino al mundo nueve años después. Esa coexistencia en la misma ciudad de dos pensadores tan diferentes parecía ser testimonio vivo de tolerancia y buena fe. Sin embargo, Averroes fue ulteriormente desterrado y sus obras prohibidas y Maimónides también se vio obligado a emigrar.

La segunda gran dinastía de gobernantes islámicos fue la de los Abásides que duró cerca de 500 años y dio 38 califas. Aunque fue fundada por Abú al-Abbas descendiente de Mahoma, los Abásides le imprimieron un carácter más transnacional a su reinado. A ellos se debe la construcción con gran lujo de su sede en Bagdad y la promoción del comercio, el arte y la literatura. Alcanzaron el zénit bajo Harum-al-Rashid (786-809) quien figura como héroe en algunas narraciones de la famosa obra *Las mil y una noches*. Así, entre etapas de esplendor e historias sórdidas de crímenes e intrigas, fue transcurriendo la vida en esos primeros tiempos del mundo islámico. A pesar de ello la religión se fue consolidando y logró hacerse parte del tejido social de los pueblos conquistados.

El poder de los Abásides fue debilitándose hacia el fin del primer milenio y comenzaron a surgir las dinastías regionales como fue la de los Fatimides, bereberes de Túnez y Egipto que se decían descendientes de Fátima. Su reinado duró desde 909 hasta 1171 y su califato se instaló en el Cairo. Desde el punto de vista religioso eran chiitas afiliados a la línea del Duodécimo (véase cuadro). Otros gobernadores de provincia y líderes militares se fueron también separando de los Abásides y fundando dinastías mas o menos duraderas como las de los Buyids, los Seljuks y los Safávides (1501-1736). En Marruecos aparecieron dos dinastías de este tipo, la de los Almoravides y los Almohades que reinaron durante los siglos XI, XII y XIII. Constituida por bereberes y fundada en principios puritanos, esta dinastía comprendió partes del nortre de África y partes de España. Su centro estuvo en Marraquesh.

Los mamelucos (antiguos esclavos), los seljuks (de origen turco), los Qadaritas (originarios de Irak) y los Safávides (Persia) no son pues sectas sino dinastías más o menos prolongadas o efímeras. Los mamelucos abrazaron el Islam sunita en tanto que los qadarites[6] fueron perseguidos como heréticos.

## SUBSECTAS CHIITAS

Aunque el cuadro de las subsectas chiitas presenta notable diversidad es posible detectar en ellas algunas características comunes. Aceptan todas la preeminencia de la figura de Mahoma y la validez del texto coránico pero difieren en la determinación de la línea sucesoria no solamente de califas sino también de imanes y en la interpreta-

---

[6] Los qadarites creían en el libre albedrío.

ción de ciertos puntos oscuros de la doctrina islámica. En general representan tendencias puritanas que abogan por una interpretación literal del *Corán*, una ardiente repulsa de otras religiones y una disposición a tildar de heréticos a los sunitas. Adquiere importancia en ellas la figura del Imán o líder religioso y frente a desviaciones o relajamientos en la observancia de la religión estas facciones adoptan una postura parecida a la que caracteriza a los fundamentalistas de hoy.

Aun antes de que se produjera la ruptura entre sunitas y chiitas ya se dejaban sentir en la etapa primitiva del Islam grandes tensiones de índole regional. Los árabes del norte dieron vida a la secta de los *kuraishies* partidarios de abandonar los inhóspitos lugares en que vivían y por tanto de las guerras de expansión. Aunque hoy la subsecta originaria agrupa menos de un millón de empecinados. al principio extendieron sus creencias por todo el norte de África y llegaron hasta Zanzíbar. Fundaron un Estado Teocrático en Tiaret, cerca de Argelia y se enfrascaron en guerras sangrientas contra otros grupos chiitas. Prohibían el alcohol, la música y el lujo y seguían la antigua práctica del «precio de sangre» (compensación económica por homicidios).

Otra subsecta de importancia más bien histórica es la de los *zaidis o zaiditas*, fanáticos que reconocen sólo cinco imanes y preconizan una observancia estricta de los textos. Estos musulmanes hicieron del martirio de Husayn en Kerbala su gran punto de convergencia y establecieron algunas diferencias respecto a la doctrina y el rito musulmán. Niegan en efecto que Dios tenga atributos eternos, no aceptan la predestinación y rechazan el sufismo. Su prohibición de comer carne de puerco se extiende a cualquier carne de un animal sacrificado por un infiel. Tanto el llamamiento a la oración como la práctica de las ablusiones se apartan de las prescripciones ortodoxas o sunitas. Sostienen que el Imán debe ser no sólo piadoso sino también capaz de encabezar la guerra santa contra los infieles y contra los sunitas. Los *zaidis* se hicieron fuertes sobre todo en Yemen, país que se convirtió en el primer Estado oficialmente musulmán en 901. (El primer Estado cristiano fue Armenia establecido en el siglo IV).

## LAS DISPUTAS DEL IMÁN

De las subsectas chiitas sin duda las más importantes son las que se relacionan con la creencia en los imanes ocultos. Tras las luchas sobre el califato vinieron las desaveniencias sobre el reconocimiento de la máxima autoridad religiosa, es decir del Imán. También aquí las disputas se remontan siglos atrás y afectan sobre todo a la secta chiita. Al imán se le considera por los musulmanes como un personaje ilustre capaz de ser intérprete cuasi infalible de la voluntad de Dios. Tres subsectas distintas surgieron al respecto. Según la versión de los llamados Jaafaris el duodécimo de estos imanes llamado Mohamed al-Muntazar desapareció el día de la muerte de su padre en el año 941 pero dichos creyentes creen que no murió sino que está oculto y que un día reaparecerá como Mahdi para hacer justicia y salvar al mundo. Los que tal cosa creen –la mayoría de los chiitas de Irán- se llaman a sí mismos los duodécimos y a ese grupo pertenecen también los islamitas del sur de Irak y del sur del Líbano.

De igual importancia por su extremismo y por pretender uno de sus fundadores descender también del profeta es el grupo formado por los ismailitas que aceptan la legitimidad de hasta siete imanes. La jefatura de este grupo corresponde al Aga Khan a quien se le pesa cada año a fin de darle su equivalente en dinero o piedras preciosas. Varios millones de chiitas de India, Pakistán, Irán y Siria pertenecen a este grupo. Y hay todavía una tercera subsecta, la antes citada de los zaidis de Yemen que reconocen sólo cinco sucesivos imanes. Cada una de estas tres subsectas tiene pues una creencia distinta sobre quien es el últtimo *imán* oculto.

Desde el punto de vista doctrinal muchos seguidores del Duodécimo son más racionalistas, creen que *El Corán* fue creado, que Dios por su propia naturaleza no puede hacer el mal y en cierta medida aceptan el libre albedrío así como los matrimonios temporales. Por su parte los creyentes del séptimo imán incorporan elementos gnósticos de extracción griega. Dios se presenta como la Unidad pura, sin atributos específicos por ser incomprensible al pensamiento humano; el Imán en cambio puede encarnar en distintas personas pero es de designación divina. El mítico número siete y la ciencia de las esferas celestiales son temas de frecuente aparición en la literatura ismailita. Los siete primeros versículos del *Corán* representan los siete grados de religiosidad; el título del primer sura tiene siete palabras y siete son los imanes reconocidos. Estos son algunos ejemplos numerológicos que forman parte del aspecto esotérico de esta creencia. De los séptimos se derivan los precitados Fatimidis que constituyeron una dinastía en Egipto y fueron derrocados por Saladino en 1171.

La creencia en el *imán* oculto tiene implicaciones políticas importantes incluso para el actual gobierno de Irán. Algunos teólogos piensan que mientras no se produzca el retorno del *imán* los fieles deben de abstenerse de participar en un gobierno que carecería de legitimidad. Uno de ellos radicado en Qom ha llegado a decir que no existiendo en el Islam previsión alguna sobre el tipo de gobierno correspondiente al período de ocultación lo que hay ahora en Irán es un despotismo clerical. Tales opiniones no parecen afectar al actual Presidente de Irán M. Ahmdineyad quien no se cansa de predecir que el retorno del *imán* escondido dede hace más de mil años es inminente.

En la complicada constelación de las sectas musulmanas cabe mencionar también a los druzos, gente de origen árabe que habita en las montañas de Siria e Israel, los cuales por más de mil años han mantenido una identidad especial. Los druzos practican una religión caracterizada por su secretismo, mesianismo, gnosticismo, transmigración y resurrección de los muertos. Históricamente guardan relación con el califato de los fatimidis.

La complicada y confusa historia de las sectas chiitas tiene otro punto de contacto con los sunitas. Antes del fin del mundo el Anticristo será derrotado según los sunitas por Jesús, según los chiitas por el Duodécimo Imán.

## LAS SECTAS SUNITAS

Aunque menos numerosas que las sectas chiitas, ha habido también del lado sunita varias sub-sectas o movimientos religiosos que han perdurado por largo tiempo. Las dos de mayor importancia han sido el Salafismo y el Wahhabismo. El nombre de *salaf* significa predecesores o ancestros y los que se adhieren a esta corriente sostienen que el Islam alcanzó la perfección en vida de Mahoma y sus compañeros y que cuanto ha sido añadido después es impuro y debe ser rechazado. Se amparan para aferrarse a esa creencia en un dicho o hadiz del profeta según el cual Mahoma consideraba que la gente de su generación y las dos siguientes eran las mejores y que por lo tanto todo lo que había que hacer era seguir el ejemplo de esas tres generaciones. Los salafis idealizan ese período de la historia y piensan que un renacer del Islam sólo puede lograrse volviendo a sus raíces. Repudian por consiguiente la llamada teología científica (Kalam) basada en la influencia de la filosofía griega y consideran impropia la veneración de tumbas de profetas y del recuerdo de santos. Consideran asimismo contrarias al Islam las creencias chiitas y el culto de los sufis. En su afán de seguir el pensamiento y la práctica de los fundadores los salafis imitan hasta los más banales ademanes y gestos. Usan sólo tres dedos para comer y toman agua haciendo tres pausas tal como afirman así lo hicieron Mahoma y sus más ilustres colegas.

En el órden práctico, sin embargo, los salafitas pensaban que era deseable procurar una compatibilización de los valores tradicionales con las corrientes dirigidas a modernizar y racionalizar ciertos aspectos del Islam. Abogaban también por el pan panislamismo, la reconciliación de sunitas y chiitas, preconizaban la prohibición de la poligamia y criticaban el anacronismo de ciertos aspectos de la *sharia*. El problema es que no mucho después de su fundación el salafismo se dividió en dos corrientes: el salafismo primitivo o científico y el salafismo yihadista cercano a la secta wahhabi. El Islam volvía así a sus viejas costumbres.

De distinta naturaleza son las sectas fundadas en el reclamo de algunos nuevos iluminados o profetas que predican el fortalecimiento de la guerra contra los cristianos (los Ahmadiyes) o la adhesión literal a los preceptos del *Corán* (el movimiento *wahhabi* de Arabia Saudita). Estos últimos han alcanzado prominencia en épocas recientes por pertenecer al mismo Osama bin Laden y la gran mayoría de los que perpetraron la atroz matanza del 11 de septiembre de 2001. Según se indicó en el capítulo III los wahhabis deben su nombre a su fundador Mohamed ibn Abd al Wahhaba nacido en 1703 y quien dedicó su vida a proclamar la reforma del Islam en un sentido más puritano y de cumplimiento minucioso de las normas y prácticas del profeta. Sus seguidores se consideran enemigos de todo lo que se aparta de esa doctrina lo que explica su postura de hallarse en un perpetuo *yihad* contra todos los infieles y en particular contra los cristianos.

No sería apropiado finalizar la lista de las sectas fundamentalistas sin hacer referencia a los Talibanes, secta de origen sunita que entre 1966 y 2001 estableció una teocracia en Afganistán y dio refugio y protección a Osama bin Laden. Los Talibanes, en su mayoría formados en las escuelas religiosas de Pakistán, quisieron imponer un islamismo puro que se tradujo en el resurgimiento de prácticas retrógadas como restringir las posibilidades de educación y trabajo de las mujeres, obligarlas a usar la burqa, prohibir el uso de la televisión, la música y el cine. Asimismo y de conformidad con la ley islámica reintrodujeron la costumbre de las ejecuciones públicas y la práctica de las amputaciones a los ladrones y la persecución a los no creyentes. Sus restricciones relativas a las mujeres llegan hasta prohibirles viajar sin tener un acompañante varón llamado *mahram*. Imbuidos de rabia y de furor tras su desalojo del poder, los Talibanes han recurrido últimamente al asesinato de niños que asisten a las escuelas. Les dirige un *mullah* llamado Omar. Del lado positivo se les acredita el haber eliminado la corrupción.

Otros factores además de las disputas sucesorias sacudieron a menudo el mundo del Islam. Unas veces fueron rebeliones de esclavos que llegaban hasta a conquistar el poder como la de los zendis en el siglo IX y la de los mamelucos (milicia turco-egipcia formada por antiguos esclavos). Otras veces fueron el asesinato del califa o las constantes conspiraciones palaciegas o se debieron a la entrada en liza de otros pueblos como mongoles, tártaros y turcos por ejemplo. A partir del siglo XI se debilita la sociedad islámica y se fragmenta su imperio. A fines del siglo XV desaparece su presencia en España. Para entonces el centro del poder islámico correspondía al Imperio Otomano fundado a principios del siglo XIV y cuya religión oficial sunita duró hasta 1928 y ha vuelto ahora a renacer en Turquía con un partido islámico en el poder.

## ASESINOS Y MÍSTICOS

A lo largo de la historia se han ubicado bajo el manto del Islam los grupos más disímiles, como por ejemplo los *sufis*, que adoraban a Dios de la manera más apacible y espiritual y los *asesinos* (hashishin) que mataron sin piedad a sus enemigos durante los siglos XI a XIII. Increíblemente, rezagos de esta última fracción existen todavía hoy.

El lado místico del Islam está representado por el *sufismo*. La palabra *sufi* viene de sus vestidos de lana y originalmente se refiere a la austera vestimenta usada por quienes optaban por las cosas espirituales. Si bien es posible identificar algunos aspectos místicos en el ejemplo de Mahoma, el movimiento sufista nació como reacción al turbulento período que siguió a la muerte del profeta. Su origen, que se suele situar en Basora al sur de Irak, se relaciona con las prácticas ascéticas que seguían algunos piadosos musulmanes. Los sufis preferían la entrega total a Dios, la vida contemplativa y la búsqueda de la perfección religiosa. Curiosamente algunas mujeres desempeñaron un papel importante en el desarrollo del sufismo.

Fortalecido por influencias neoplatónicas, el sufismo en su máxima expresión preconiza una filosofía de quietismo y éxtasis; sus cultores favorecen una suerte de panteísmo ascético que luego fue particularmente visible en Persia (Irán). Algunos fanáticos de este tipo tienden a abolir toda distinción entre el bien y el mal y llegan a consumir drogas y a sustituir a Alá por un ser misterioso llamado Axas. Son los únicos en el Islam que han constituido órdenes monásticas y deben parte de su ideología a la influencia neoplatónica.

El misticismo islámico ha evolucionado en su interior desde la etapa ascética que representa la oposición a la vida de fausto que llevaron algunos califas rodeados de concubinas y esclavos, a la etapa de los *derviches* que hacían voto de pobreza pasando por el estado de éxtasis, el de los antinomios y el de la inspiración.

A pesar de haber sido grandes misioneros del Islam los místicos declinaron en tiempos recientes debido a su extravagancia, a su deseo de apartarse del mundo y a causa de los embates del fundamentalismo agresivo de los wahhabis. El gran filósofo Averroes se asemeja a los sufis en sus enfoques independientes y en su afán de armonizar la religión con la filosofía. Para asombro de muchos el actual Presidente de Chechenia y antiguo guerrillero Ramzan A. Kadyrov se ha convertido al sufismo.

El hecho de que los místicos del Islam se inclinaran en ciertas épocas a vivir en comunidades que se apartaban del mundo dio lugar a que se les acusara de herejía cristiana o que en todo caso se les tildara de no ajustarse a la ortodoxia islámica.

El nombre de la subsecta de los *Asesinos* no es metafórico ni es tampoco un sobrenombre. Es el nombre real de un grupo importante de fanáticos desgajados de la secta Ismailita que entre 1094 y 1273 adoptó la táctica de asesinar a sus más prominentes enemigos. Su nombre *hashishin* deriva de la palabra *hashid* (droga o narcótico) que los miembros de la facción acostumbraban inhalar antes de enfrascarse en acciones bélicas. Su fundador fue Hassan ibn al- Sabbah, ismailita de extracción chiita quien se rebeló contra el régimen Seljuk y transfirió su lealtad al depuesto califa del Cairo Nizar. Sus sucesores en el liderazgo de los ismailitas de Persia se proclamaron imanes y supieron rodearse de una cohorte de agitadores y terroristas que procedieron a asesinar grandes figuras del califato del Cairo. Aunque de origen persa los asesinos se hicieron fuertes en Siria donde existían importantes grupos de chiitas radicales y en India y Pakistán.

Lucharon a diestra y siniestra contra la dinastía Fatimidi, contra los turcos y contra los jefes de cuantas fortalezas existían en Siria. Se involucraron también en las luchas de las Cruzadas pero no sólo contra los cristianos sino también contra otros musulmanes, incluyendo a Saladino a quien trataron de asesinar. Se sabe que el consumo de hashish les despertaba visiones del paraíso al que tendrían acceso tras su muerte en combate. Acostumbraban matar usando la daga y representaban una forma primitiva y cruda de fundamentalismo extremo. Sus víctimas eran por lo general gente importante que ellos consideraban usurpadores malvados del poder. En tal sentido los asesinos fueron más selectivos que los atacantes suicidas del presente.

Su fin ocurrió cuando sufrieron el doble embate de los mongoles y de los mamelucos. Considerados hoy como heréticos dejaron una gran mancha de sangre en la historia del Islam. De su secta originaria quedan unos pocos millones de adeptos en India y Pakistán donde se les conoce con el nombre de Khojas.

## EL CUADRO ACTUAL

¿Se vislumbran señales de concordia y unificación en el antes expuesto muestrario de sectas y sub-sectas? La aparición en el siglo XIX del ala moderada del movimiento salafista pareció despertar esperanzas. Recuérdese que esa secta quiso poner fin a la división de sunitas y chiitas y que sus fundadores fueron un religioso chiita y un egipcio sunita. No pasó mucho tiempo sin embargo, para que el salafismo se dividiera en tres corrientes: el salafismo primitivo o científico, el salafismo wahhabi y el salafismo yihadista. El Islam volvía así a sus viejas costumbres. El salafismo yihadista debe su origen a varios aspectos de las prédicas de dos *ulemas* del siglo XIX, Yamal al-Din al-Afgani (1839-1897) y Mohamed Abduh (1849-1905). Sus ideas corren paralelas a las del wahhabismo pues abogaban por un renacimiento del Islam basado en el retorno a sus orígenes, la lucha contra el colonialismo, el fomento del panislamismo y el reconocimiento del «role» protagónico del mundo árabe.

En resumen, el Islam no es una religión unitaria o monolítica sino un mosaico de sectas y subsectas, de escuelas y tendencias. Y lo curioso es que esa fragmentación no es producto de discrepancias doctrinales básicas ni de intentos de reforma como ocurre en otras religiones. Las divisiones se originan en las precitadas disputas sobre la sucesión del profeta, en diferencias tácticas y en luchas por la hegemonía del campo musulmán. Viudas, hijas, nietos, yernos y otros allegados batallaron por la herencia. Ambiciones atizadas por lo cuantioso del botín en juego acrecentaron las pugnas. Les unía, es cierto, la creencia en *El Corán* y la veneración por Mahoma pero las razones históricas causantes de la gran división no han podido nunca ser superadas y han sido pocos los intentos de unificación. En el Islam no ha habido nunca un movimiento ecuménico perdurable ni propósitos firmes de reforma. Jamás se ha pensado en discernir cuales son las normas válidas para todos los tiempos y cuales las que han periclitado o necesitan adecuación a los tiempos modernos.

Las propias precoces conquistas del Islam y su aparente aptitud para convertir en aliados a los pueblos conquistados contribuyeron a acrecentar la heterogenidad y a sembrar semillas de discordia. Tan fuertes fueron las diferencias culturales y las querellas sucesorias que el advenimiento de nuevas dinastías o la división de sectas y subsectas generó muchas veces un alto grado de violencia.

Lejos de atenuarse con el paso del tiempo, los odios se han ido acrecentando y dado vida a una espiral interminable de rencores y venganzas. Prueba de lo profunda que es la acrimonia entre las dos sectas es el alto número de combatientes sunitas provenientes de Arabia Saudita, Libia, Egipto, Yemen y Siria que se baten en Irak no sólo por resquemor a los E.U. sino también para impedir el predominio de los chiitas en el Cercano Oriente. Tan pronunciados son los ataques y represalias que hoy día al cabo de 1400 años de historia el mundo es testigo de la brutalidad que ha llegado a alcanzar en Irak la rivalidad entre las dos sectas principales. Matanzas recíprocas de increíble crueldad, ataques mortíferos a las mezquitas o madrasas del adversario y asesinatos indiscriminados de rehenes son algunas de las manifestaciones de esa cultura fratricida.

Sunitas y chiitas se hallan al presente inmersos en una intensa campaña de proselitismo por medio de las madrasas o escuelas islámicas y la construcción de mezquitas dentro y fuera de sus comunidades. En el fondo compiten por la dirección de la yihah global y la supremacía del mundo islámico y acuden a cualquier medio para prevalecer. En Argelia la reciente guerra civil costó más de 200.000 vidas. En el Líbano una serie de atentados contra personalidades antisirias busca eliminar los últimos reductos cristianos. En Turquía son las masacres de kurdos y armenios; en Pakistán más de 400,000 personas en su mayoría chiitas han perecido en estas luchas sectarias en los últimos 15 años. En Irak hay un grupo insurgente sunita (Ansar al-Sunna) que se especializa en decapitaciones. Un fondo religioso late también en las matanzas de Darfur en Sudán.

Y la fractura se continúa aún en el seno de un mismo país. Los chiitas por ejemplo representan el 95 por ciento de la población de Irán, pero sólo el 20 en Pakistán, el 35 en el Líbano, el 60 en Bahrain y Yemen, el 30 en Kuwait, el 15 en Afganistán y Arabia Saudita y el 65 en Azerbaiján e Irak. Los sunitas constituyen el resto del mundo islámico.

Hay sin embargo dos tendencias del Islam que pasando por encima de las sectas rechazan el uso de la violencia. Una es la de los *Ahmadiyas* que no obstante su activa oposición al cristianismo consideran que la *yihad* debe entenderse como una brega pacífica en la que se debería esgrimir la pluma y no la espada. La otra es la de los antes mencionados *sufis* que, si bien debilitada, aún subsiste y se endereza a patronizar enfoques independientes y cuantos esfuerzos busquen armonizar la religión con la filosofía.

# CAPÍTULO XII

# LOS ENFRENTAMIENTOS

## LA ANIMADVERSIÓN Y EL FUROR

El Islam ha vivido casi siempre en pie de guerra o, como dice *El Corán* «sobre las armas». Aun en aquellos períodos en que el Islam parecía haber estabilizado sus fronteras, se emprendían pequeñas *yihads* o *gazis* que tal vez tenían por objeto flexionar sus músculos o mantener vivos sus instintos guerreros. Esa actitud belicista es producto de su propia teología que como se vio antes autoriza la guerra en defensa y promoción de la fe y enseña que cualquier medio es bueno en su lucha contra el infiel. Los llamamientos a la guerra, sobre todo a la guerra santa, están consagrados en *El Corán* e incrustados en los hábitos del pueblo musulmán. El libro que ellos llaman divino contiene más de 30 versículos relacionados con los preparativos para la guerra y la forma de conducirla. Nadie debería, por tanto, extrañarse de que la vocación bélica forme parte de la idiosincracia del *mumim* o verdadero musulmán. El propio Mahoma afirmó en una ocasión que «un día en el campo de batalla valía más que 60 años de oración». Y fue también el profeta el que vaticinó que sus compañeros «serían terribles con los infieles». (XLVIII-29).

Los primeros adeptos de la religión de Mahoma, fueron gente habituada a luchar por la posesión de un oásis, un pozo o una tierra de pastoreo; muchos estaban adiestrados en los asaltos a las caravanas. Quienes vencieron en esas primeras contiendas se dedicaron de inmediato a atraer o subyugar otras tribus de la península arábica y a enfrascarse después en guerras de expansión. Lucharon contra los cristianos del Imperio de Oriente, vencieron a los persas en la batalla de Cadesia y a los bizantinos en Yarmulke y no cesaron después de lidiar con otros pueblos. Salvo el tiempo de las Cruzadas y algún que otro período de inacción, las guerras de conquista y expansión llenan largos trechos de la historia del Islam. Y recuérdese que no son sólo las luchas contra cristianos y judíos ni los enfrentamientos entre sunitas y chiitas sino que es dentro del seno mismo de estas sectas que se baten grupos rivales. El aluvión de atentados sangrientos ocurridos recientemente en la antigua Mesopotamia es una prueba más de la saña con que se baten facciones opuestas. Que en el Irak actual haya fanáticos sunitas que asesinan barberos sólo porque el profeta tenía barba, da una idea del grado de violencia que impregna la mentalidad de algunos musulmanes.

A los creyentes *El Corán* los erige en gente más fuerte y más valiosa que los demás seres humanos. Y esa convicción hábilmente arraigada fue corroborada por la prolongada serie de triunfos que caracteriza el primer siglo de luchas. A nadie debería sorprender, por lo tanto, que los musulmanes se lancen a la guerra con fe absoluta en que al final ganan la contienda o van al paraíso.

El engreimiento fue tan grande que cuando siglos después el califa Harun al Rashid dirigió una carta al Emperador de Bizancio la encabezó con las siguientes palabras: «En el nombre del Dios misericordioso yo HR Comandante de los fieles dirijo ésta a Nicéforo perro romano». Aun antes en 763 cuando se fundó Bagdad, ésta era mencionada como «centro del universo». Ya en la época del Imperio Otomano llama la atención la manera como los sultanes se miraban a sí mismos como adversarios y vencedores de la cristiandad. Selim II, por ejemplo, hacía gala de sus muchos títulos pero al final de ellos ponía como su máxima dignidad el de «destructor de la fe cristiana y dominador del universo». Y fue con ese espíritu que en varias ocasiones el Islam ha estado a punto de infligirle una derrota decisiva a la cristiandad así como de hacerse dueño de toda Europa y quizás de todo el mundo.

Las guerras que el Islam ha librado a lo largo de su historia se pueden dividir en las 25 grandes categorías que figuran en la lista adjunta:

## PRINCIPALES GUERRAS DEL ISLAM

| GUERRAS | PERÍODOS |
|---|---|
| A) Las primeras etapas | |
| Contra la Meca | 622-630 |
| Contra las apostasía | 630-635 |
| Por la unificación de Arabia | 635-637 |
| | |
| B) Guerras de expansión dirigidas por los árabes: | |
| –Conquista del Cercano Oriente (Siria, Mesopotania, Egipto) | 639 |
| –Hacia el este (Persia, Pakistán, India) | 640 |
| –Hacia el sur (norte de Africa) | 641-706 |
| –Conquista de España, Portugal y parte de Francia | 711-801 |
| –Conquista de islas del Mediterráneo | 827-1565 |
| –Incursiones en Italia | 833 |
| –Guerras de la Reconquista | 1064-1492 |
| | |
| C) Otras guerras | |
| Guerras de las Cruzadas | 1095-1448 |
| Guerras contra los mongoles | 1248 |
| Guerras de los tártaros | 1380 |
| | |
| D) Guerras de expansión libradas por el Imperio Otomano: | |
| –Conquista de Anatolia y Tracia | (Siglos XIV y XV) |
| –Caída de Constantinopla(1453) | |
| –Guerras en el corazón de la cristiandad | |
| (Serbia, Hungría, Grecia, etc) | siglos XV y XVI |
| –Batallas navales | 1533-1571 |
| –Guerras contra el Imperio de los Hapsburgos | 1350-1700 |
| –Guerras contra los Safavids | 1500-1580 |
| –Guerras contra Venecia y Génova | 1355-1718 |
| –Guerras en Ucrania | 1677-1856 |
| –Guerras contra Polonia y Lituania | 1682 |
| –Guerras contra Rusia | 1380-1856 |
| –Batalla de las Pirámides | 1798 |
| –Guerra de Crimea | 1853-1856 |

No eran por cierto pequeños los combates librados por el Islam sino serios enfrentamientos en los que a veces medían sus fuerzas ejércitos de docenas de miles y hasta de más de cien mil soldados. Eran épocas de grandes ambiciones y designios imperiales. Unos aspiraban al trono de los califas y otros al cetro de los sultanes. Se llegaron a formar grandes cuerpos militares especialmente entrenados como fueron los jenízaros (fuerza joven), el cuerpo de cadetes, la caballería tártara y los ejércitos mamelucos. Hacia mediados del imperio, el ejército otomano estaba formado del lado europeo por gentes de Albania, Bosnia, Grecia, Bulgaria, Serbia y Croacia y del lado asiático por árabes, turcos, kurdos, azeríes, persas y tártaros.

Los conflictos que de una manera u otra involucraron al Islam desembocaban por lo general en guerra abierta y ésta adquiría siempre características muy sangrientas. Las guerras de religión no se prestan a negociaciones por la sencilla razón de que los dogmas no son negociables y en el caso del Islam esos dogmas se hallaban fortalecidos por las muchas disposiciones que enaltecían las guerras.

Muchas etnias participaron de un lado y otro en esas guerras pero son principalmente dos las que lideraron los ataques del Islam: primero fueron los árabes hasta que a principios del siglo XIV se crea el Imperio Otomano y éste toma el mando en la lucha contra el infiel. A la caída de ese imperio se producen algunos años de quietud hasta que en años recientes son de nuevo los árabes los que toman la iniciativa. Aliados de diverso origen y una colección de esclavos y mercenarios estuvieron presentes en esas guerras incluyendo en algunos casos guerreros cristianos y corsarios apátridas al servicio de califas o sultanes.

Frente a los pueblos conquistados el Islam adoptó diferentes actitudes. Unas veces imponía y otras ofrecía la conversión; esta última era a menudo aceptada en sociedades regidas por oligarquías autoritarias o corruptas. Aquellas que rechazaban la conversión quedaban obligadas a pagar dos impuestos: el de capitación (*jizya*) y el de ocupación de la tierra (*kharady*). A los vencidos se les imponían otras restricciones, como la prohibición de montar camellos o caballos y la obligación de usar ciertas ropas. Sucesivos califas añadieron otras humillantes exigencias. En el año 850, por ejemplo, el califa Al Mutawakkel ordenó que los cristianos pusieran imágenes de madera del diablo en sus hogares. Sin embargo, si los cristianos se arrepentían, abjuraban de su fe y pagaban los tributos un versículo del *Corán* disponía que se les dejara en libertad.

Para el Islam, repito, la guerra es un suceso corriente. *El Corán* prescribe el combate contra los infieles incluso como medio de liberarse del infierno (LXVIII) y dedica un sura al llamado al Orden de Batalla y varios versículos a la guerra perpetua. *El Corán* únicamente exime del servicio militar a los débiles, los ciegos, los cojos, los enfermos y los que no tienen medios que en las circunstancias del pueblo árabe significaba no tener montura. A los que por esas razones se les pemite no participar en las guerras se les advierte sobre la necesidad de ser veraces en sus excusas. Si no lo fueran el Libro los califica de inmundos y los condena a la gehena (IX-96) y a sufrir dolorosos castigos. En el Islam no hay espacio para las objeciones de conciencia. A los fieles se les pide ser inquebrantables en su lucha, combinar el uso de las armas con su obligación de orar y no ser cobardes en el combate. A estas instrucciones que en principio pudieran considerarse normales o comunes a cualquier ejército se añaden las que son típicas de la filosofía islámica, a saber responder a la traición con la traición, pedir siempre rescate por los prisioneros, hacer oposición a los que piden exención y dispensar del espectáculo del suplicio a los que caen prisioneros por primera vez.

El derecho de guerra musulmán se aparta pues de los principios humanistas que desde tiempos de Suárez y Vitoria inspiran la Convención de Ginebra y demás leyes de la guerra vigentes en el mundo occidental. Es simplemente parte de su gran esquema de dominación mundial.

## LAS GUERRAS DE LOS ÁRABES

La expansión del Islam en los años subsecuentes a la muerte de Mahoma constituye un fenómeno insólito tanto por su rapidez como por su costo humano. No fue una empresa centralizada en su ejecución pero sí en el credo que le servía de inspiración. Imbuidos los musulmanes de una religión que les incitaba a guerrear y matar en el nombre de Alá, sus ejércitos no acostumbraban a dar cuartel y fueron arrasando a su paso feudos y dominios, reinos e imperios, incluyendo al Imperio Bizantino.

La primera batalla librada por los árabes al enfrascarse en su empresa de expansión tuvo lugar contra el Imperio Bizantino en las cercanías del río Yarmuk en Siria en el año 636. Durante seis días los dos ejércitos se atacaron sin piedad hasta que al fin los musulmanes prevalecieron contra los cristianos. Dos años después se producía la captura de Jerusalén por el califa Omar. Y poco después los victoriosos ejércitos del Islam se lanzaban al ataque en tres direcciones hacia el norte apuntando contra Estambul, hacia el Lejano Oriente y hacia Occidente por vía del norte de África.

En menos de un siglo los sucesores del profeta crearon un imperio que se extendía desde la frontera con China pasando por India, Afganistán, lo que es hoy Pakistán, el Cercano Oriente, el norte de África y España hasta el sur de Francia. Los antiguos guerreros del desierto tenían la experiencia militar, la capacidad de resistencia, el fervor religioso y la franquicia de matar infieles que les permitió llevar adelante tamaña conquista. No fueron sólo los árabes los que nutrieron esos ejércitos. El traslado de la sede del califato a Damasco (las sedes del califato fueron por orden cronológico Medina, Damasco, Bagdad, Cairo y Estambul) facilitó la participación de sirios y palestinos; la conquista del norte de África y España se hizo con la ayuda de los bereberes.

No fue sólo España sino también Portugal y el sur de Italia los que cayeron en esta primera invasión. Por el otro lado del mundo la conquista de Mesopotamia y Persia significó la conversión de kurdos, persas y azeríes. Un gran califa de la dinastía Omeya, Abd al-Malik presidió esa enorme expansión del Islam que termina con la derrota de Poitiers en el sur de Francia. Después de ocupar casi toda España la ola invasora se extendió al Languedoc y la Provence en Francia.

¿Qué significó para el cristianismo esa primera ofensiva islámica? Pues nada menos que la pérdida de casi todo el Cercano Oriente, cuna de la evangelización cristiana, y todo el norte de África que bajo el

Imperio Romano se conocía con el nombre de Ifriqilla. Todas esas vastas regiones que habían sido cristianizadas por quienes llevaban la cruz por delante fueron ocupadas por quienes avanzaban esgrimiendo la espada. De las cinco grandes iglesias que formaban el cristianismo primitivo, Roma, Santiago, Constantinopla, Alejandría y Antioquía, desaparecieron las dos últimas, se fue apagando el poder de la de Constantinopla y los musulmanes saquearon la sede de las otras dos. Sobrevivieron casi milagrosamente los maronitas del Líbano, los coptos de Egipto y Etiopía y los caldeos de Irak así como algunas comunidades heréticas o semiheréticas como los melquitas, los nestorianos y los gnósticos.

Los fieles del Islam cambiarían más tarde de apelación y bajo el nombre equivocado de sarracenos (que les dieron los personeros del Imperio Bizantino) fueron atacando y en algunos casos tomando las islas mediterráneas: Sicilia (827), Creta (827-901), Malta (870) y las Baleares (902). (Córcega y Cerdeña fueron sólo en parte controladas). Alternaron después acercamientos como fueron los que intentó Harum al Rashid con Carlomagno y el recibimiento acordado a San Francisco de Asís por el sultán de Egipto con actos de brutalidad como fue el ataque y saqueo de Santiago de Compostela, el saqueo de la Basílica de San Pedro en Roma y la destrucción de la iglesia del Santo Sepulcro en Jerusalén. Hubo también acciones de los corsarios musulmanes de esta época que tenían por objeto el saqueo de ciudades costeras y la captura de gente joven que pasaban a ser esclavos y de cristianos adultos por los cuales se pedía un rescate. En el caso del apresamiento en Lepanto de Miguel de Cervantes fue Fray Juan Gil el que logró su liberación sustituyendo con su persona al genial escritor.

Es en esta etapa que el Islam penetró con tal fuerza en Italia que hasta el obispo de Roma fue obligado a pagarle un tributo y en Francia ciudades como Marsella, Toulon y Niza fueron varias veces asediadas.

## ETIOLOGÍA DE LA GRAN EXPANSIÓN

¿Cómo explicar el éxito fulgurante de las conquistas realizadas por los ejércitos árabes de los primeros tiempos del Islam? Los historiadores de esos precoces tiempos y en particular los de Arabia fijaron su atención en la motivación espiritual que guiaba a generales y soldados, en la superioridad moral de su causa y en el fervor y coraje que los animaba. En la actualidad, historiadores profesionales y diligentes han identificado otras razones más mundanas que explican esa primera fase de victorias sucesivas. En primer lugar sostienen que los grandes perdedores de esas guerras, los imperios Persa y Bizantino, se habían seriamente debilitados en luchas sangrientas que tuvieron lugar a principios del siglo VII, es decir en el período que va desde el asesinato del emperador bizantino Mauricio en 602 hasta la devastadora contra ofensiva de Heradiur que tuvo lugar entre 624 y 630. A ese debilitamiento de los más poderosos vecinos de los árabes habría que añadir el coetáneo desfallecimiento del mundo cristiano a causa de los cismas y herejías de la época. Algunos cismáticos de Egipto y Siria en particular, quejosos de la forma como Bizancio quiso restablecer la ortodoxia, decidieron ponerse al lado de los árabes invasores que ofrecían al principio términos más indulgentes. Todo esto ocurriría por otra parte en una época en que una peste bubónica iniciada en 540 había reducido grandemente la población del Cercano Oriente.

No hay que olvidar, por otro lado, el formidable incentivo que para los árabes significaba la práctica del botín sancionada por Mahoma. Cuatro quintas partes del botín capturado pertenecían a los soldados quienes se hallaban además estimulados por las promesas ultraterrenales inscriptas en su religión (la «generosa recompensa divina»). Dado que las guerras del Islam, sean defensivas o dirigidas a la conversión de infieles caen dentro de la doctrina de la *yihad* que incluia ofrecimientos irresistibles en el paraíso es claro que las fanatizadas huestes del Islam luchaban sin el más mínimo temor a la muerte.

Todo lo cual no excluye que muchos oficiales y soldados del Islam fueran también guerreros competentes , que sus ejércitos tuvieran la gran movilidad derivada de su experiencia en el desierto y un fuerte *esprit de corps* proveniente de su ciega adhesión a la recién predicada fe islámica. Esas aptitudes se manifestaron al máximo por su sincronización con los acontecimientos antes citados y con otras circunstancias que habían sido soslayadas. La conquista de España, por ejemplo, fue precedida por el malestar creado por las expropiaciones y la decadencia de la monarquía visigoda. Antes que Tarik ben Zyad desembarcara cerca de Gibraltar ya habían solicitado la ayuda de los árabes representantes de la oposición al rey Rodrigo (Roderico).

## LAS GUERRAS DE ESPAÑA

Cuando el berebere Tarik bin Zyad desembarca en Gibraltar y en las proximidades de Algeciras en 711 con 10.000 soldados[7]. España no era sólo Al-Andalus, tierra de los vándalos, como sostienen hoy historiadores islámicos o pro Islam. Fenicios, griegos y cartagineses habían ya poblado partes de la península , sobre todo en sus riberas mediterráneas. Esos pueblos habían mezclado su sangre con los iberos nativos y formado una primera capa de población. Roma estableció después importantes centros de poder y cultura donde habrían de nacer emperadores y filósofos. La colonización romana duró varios siglos y llevó a España la lengua latina, el derecho romano y la más avanzada civilización de Europa.

Dos siglos antes tribus bárbaras compuestas principalmente de suevos, alanos y vándalos venidos del norte ocupan diversas partes de la península. Más tarde los visigodos consuman la total dominación del país por pueblos de origen germánico y constituyen un primer reino de proyección nacional. Al lado de la influencia latina el componente visigodo pasaría a ser uno de los factores principales en el proceso de formación de la etnia española.

Al comienzo de la invasión afro-musulmana España estaba dividida desde el punto de vista religioso entre los godos seguidores de la herejía ariana y la población hispano-romana que era de creencia católica. Esa división unida a otras controversias causadas por la incipiente aristocracia y las diferencias regionales facilitó la derrota en Jerez de la Frontera del rey godo Roderico y la pronta ocupación del país. No toda España fue islamizada, sin embargo, ya que en la zona septentrional una geografía montañosa y una mayor determinación de parte de sus habitantes resistió el avance del Islam. En Asturias el godo Pelayo organizó un principado que se convertiría en reino y sería

---

[7] Fortalecidos al año siguiente por otro cuerpo expedicionario formado por 18.000 árabes y bereberes.

siempre foco de rebeldía. Más tarde vendrían otros líderes de la resistencia encabezados por Rodrigo Díaz de Vivar (el Cid), Eulogio (el poeta cristiano decapitado por haberse negado a retirar sus sarcásticos poemas) y los Reyes Católicos. En la base del pueblo español se fueron acumulando quejas y resentimientos.

La otra parte de España que adquirió especial significación fue Córdoba, situada en el centro de la península, capital de Al-Andalus. En 755 la ciudad fue capturada por Abd al- Rahman único sobreviviente de la masacre que puso fin a la dinastía Omeya y quien sentaría las bases para que la ciudad fuera primero cabeza de un emirato y luego de un califato independiente. Bajo su reino y el de sus sucesores Córdoba prosperaría hasta convertirse en uno de los grandes centros artísticos y culturales de Europa. Algunos autores suelen citar la España árabe como una época de convivencia ejemplar de cristianos y musulmanes y es cierto que en la parte islámica se permitió la residencia de cristianos que pagaban el tributo (mozárabes) y del lado de los reinos cristianos vivieron creyentes del Islam (mudéjares). No es cierto, sin embargo, que la convivencia fuera siempre armónica ni que los cristianos fueran en todo tiempo bien tratados. Además de pagar impuestos se les prohibió tener esclavos de fe islámica, referirse en forma no respetuosa al profeta, tañir con fuerza las campanas de las iglesias y construir nuevas iglesias. Hubo también revueltas sofocadas con violencias y llamamientos a la guerra de uno y otro lado. La insurrección de Córdoba en 814, por ejemplo, sólo pudo ser dominada con la ayuda de los mamelucos. En el famoso motín del Arrabal, 300 notables fueron crucificados, la población desterrada y el lugar arrasado. Se endurecieron aún más en ciertas épocas las condiciones de los cristianos sometidos: no podían llevar armas ni montar caballos ni ser otra cosa que *dhimini* o sea una comunidad de inferior categoría.

Entre los propios musulmanes ocurrieron hechos atroces. Un emir de los comienzos de Al-Andalus fue crucificado entre un perro y un puerco. En 818 las murallas de Córdoba fueron festoneadas con docenas de mozárabes crucificados.

Finiquitado hacia 1031 el califato de Córdoba, Al-Andaluz quedó fragmentado en 36 taifas o mini reinados. Siguieron siglos de luchas en las que una y otra parte ganaba o perdía territorios, tomaba y cedía ciudades. Los reyes y emires de la dinastía omeya usaron a veces contingentes cristianos para mantenerse en el poder. Su último gran adalid, Almanzor, (Al Mansur) se sirvió también de nuevos ejércitos bereberes para que le acompañaran en sus 52 campañas de devastación. La amable y convivial Córdoba, la que albergó al gran fisósofo Averroes (muchas veces cuestionado por Santo Tomás de Aquino) experimentó después largos años de turbulencia y desolación.

Aunque la fecha oficial del fin de la presencia islámica en España es el año 1492 en realidad la mayor parte de España había sido ya recuperada 250 años atrás. Fue la batalla de Las Navas de Tolosa ocurrida en 1212 la que decidió el destino de España. Un ejército musulmán de 30.000 efectivos, compuesto por árabes, turcos, bereberes y nativos de Andalucía fue irremisiblemente batido por un contingente español dirigido por los reyes de Aragón, Castilla y Navarra. La derrota fue tan aplastante que tras ella cayeron en rápida sucesión Jaén, Sevilla, Málaga y casi todo el resto de Andalucía (Barcelona había caído en 801). En junio de 1236 entró triunfante en Córdoba el rey Fernando III de Castilla.

En el 1177 antes de que Granada cayera en poder de los Reyes Católicos, Isabel y Fernando, los musulmanes de esa ciudad enviaron una delegación a Estambul para pedir la ayuda del Imperio Otomano. Mehmed II acogió cordialmente a los enviados pero no proveyó auxilio militar alguno. Su sucesor Bayezid ofreció hospitalidad a los musulmanes que escaparon de Granada y también a los judíos sefarditas. Los cristianos fueron de manera gradual conquistando los varios reinos moriscos y España pudo conservar sus plazas africanas de Ceuta y Melilla. Aunque la toma de Granada pareció poner punto final a la Reconquista, todavía en 1565 España tuvo que rechazar un desembarco berberisco y sofocar una revuelta de los moros en 1570.

No es dable calcular con precisión el costo en vidas que significaron los más de siete siglos de ocupación árabe. Fue una larga lucha de religiones en la que unos oían misa antes de entrar en batalla y otros se postraban y escuchaban garantías de que si morían en combate irían directamente al paraíso[8]. No todos sin embargo estuvieron incondicionalmente del lado de su religión. El propio Cid Campeador no obstante sus proezas como adalid de la España católica estuvo también cinco años al servicio del reino moro de Zaragoza.

En la actualidad los yihadistas reclaman la devolución de España alegando que toda tierra que fue islámica es islámica para siempre.

## LAS CRUZADAS

Los Papas utilizaron dos recursos para fortalecer la determinación de los cristianos: la indulgencia plenaria para estimular a los combatientes y la excomunión para prevenir o castigar traidores y renegados. Se valieron también de las encíclicas para subrayar la importancia de la lucha contra el Islam. Llegó el momento, sin embargo, en que los medios pacíficos probaron ser insuficientes.

En 1095, varios centenares de nobles y caballeros se reunieron en un claro del bosque cercano a Clermont en el centro de Francia. Se habían reunido para escuchar la homilía que un ex monje del monasterio de Cluny, ahora convertido en Papa, Urbano II, había querido pronunciar en ese lugar. El Papa exhortó con la mayor vehemencia a los presentes para que recobraran con las armas en la mano el sitio más sagrado de la cristiandad: el Santo Sepulcro de Jerusalén, repetidamente profanado por los islamitas. Para los que participaran en esa acción el Papa les prometió indulgencia plenaria. Los nobles respondieron con aclamaciones y promesas de lucha y sacrificios. Había nacido la época de las Cruzadas. Adviértase, sin embargo, que no todos los cruzados fueron cristianos piadosos; algunos eran simples aventureros e incluso uno de sus adalides, el Emperador Federico II, había sido excomulgado.

Aunque ésta era la primera vez que los cristianos asumían una ofensiva en gran escala, motivos le asistían para ello. No solamente el Santo Sepulcro fue profanado sino también destruido por orden del tercer califa fatimide Al- Hakim. Los peregrinos que visitaban Tierra

---

[8] En el orden religioso el islamismo español estuvo asociado a la Escuela Maliki de Jurisprudencia (sunita) prevaleciente en el norte de África. Cabe citar entre sus más conocidos expositores a Iba Tufayl y Iba Rushd.

Santa eran objeto de crecientes hostigamientos y exacciones y los *djiminis* o cristianos residentes en Palestina y Siria eran tratados como ciudadanos de segunda categoría.

Fueron actos de esta naturaleza más una petición de auxilio del Emperador de Bizancio Alexis I los que dieron lugar a la primera y un tanto desordenada cruzada en Siria y Palestina. Europa se vio de pronto invadida de un gran fervor cristiano que engendró a su vez un gran ardor bélico particularmente entre nobles y caballeros de la época. Fueron en total ocho las cruzadas (incluyendo una absurda cruzada de niños) esparcidas a lo largo de unos 275 años. Los cruzados no eran ningunos angelitos y siguiendo los usos de la época capturaron, destruyeron y saquearon fortalezas y ciudades incluyendo Constantinopla. En 1146 el Papa Eugenio III decidió regular el movimiento de las cruzadas con sus encíclicas *Quantum praedecessoris* y *Divini Dispensatione*. El objetivo común de todas ellas fue la reconquista de Jerusalén e infligir una derrota decisiva al mundo islámico. Para ello debieron unir fuerzas los grandes reinos de la cristiandad: Alemania, Francia, Inglaterra y los reinos de Italia (España libraba a la sazón su propia cruzada de reconquista). Los cristianos tomaron a Jerusalén en su primera cruzada en 1099 y procedieron enseguida a masacrar musulmanes y judíos. Quienes huían eran perseguidos y asesinados. Sólo en Saracens murieron alrededor de 10.000 musulmanes incluyendo mujeres y niños. Las matanzas de Antioquía, Trípoli y Acre fueron ejemplos vergonzosos de brutalidad y ensañamiento. El autor americano Stephen O'Shea cita el caso del exterminio de la población de Ma'arat al-Numan en la que los cruzados quemaron los cadáveres de sus víctimas y procedieron a comérselos. A tales barbaridades respondieron los musulmanes con iguales atrocidades. En Civelot, por ejemplo, cerca del Mar de Mármara 20.000 cristianos cruzados y no cruzados fueron asesinados. En la batalla de Balat no hubo un solo sobreviviente cristiano. En aquellas partes de Siria y Palestina donde predominaban las sectas de los asesinos, éstos mostraron singular ferocidad. Luego de la rendición de Cesárea 2.000 cristianos fueron asesinados; igual suerte corrieron 10.000 en Antioquía.

Mezclados con los ejércitos del Islam estaban miembros de la secta de los asesinos y bandas de mamelucos.

Los cruzados establecieron varios reinos en el Cercano Oriente. A largo plazo, sin embargo, las cruzadas fueron perdiendo impulso y terminaron en rotundos fracasos. El lado musulmán mostró tener capacidad de resistencia en tanto que del lado cristiano las cruzadas se realizaron con ejércitos improvisados, carentes de estrategia, disciplina y mando unificado. De nada sirvieron los hechos heroicos de Ricardo Corazón de León o los sacrificios de Luis IX de Francia o las arengas que por toda Europa pronunciaba Pedro el Ermitaño. El Islam en cambio encontró jefes más fiables en la persona del kurdo Saladino, visir y después sultán del califato Fatimid de Egipto y de Báybars, caudillo máximo de los mamelucos.

La batalla decisiva librada en Los Cuernos de Hattin el 4 de julio de 1187 fue ganada por Saladino contra Guy de Lusignan, titulado rey de Jerusalén. Saladino se mostró generoso con los vencidos invitando a beber en su tienda agua de rosas a los nobles y perdonándoles la vida a todos, salvo a Reinaldo de Chantillon, acusado de asesinatos, saqueos y violaciones. Él mismo dio el primer tajo al mal afamado aventurero francés cuya decapitación fue finalizada por soldados a sus órdenes.

A pesar de su reputación de gallardo y apuesto campeón de la causa del Islam Saladino destruyó los objetos sagrados que aún quedaban en Jerusalén, ordenó la expulsión de esa ciudad de los cristianos y participó en la conjura que condujo al asesinato de Shawar, visir de Egipto. En el ambiente convulso y plagado de amenazas de la época es fama que Saladino casi nunca se quitaba su armadura y que dormía en el tope de una torre de madera que se hizo construir por razones de seguridad.

Al calor de la derrota critiana en Jerusalén el Papa emitió la encíclica *Audita Tremendi* y más tarde en ocasión de la quinta cruzada se produjo la visita de San Francisco de Asís al sultán de Egipto; gesto que tuvo por objeto intentar la conversión de éste y que por cierto no impidió que 26 predicadores de esa orden murieran martirizados en Marruecos entre 1220 y 1286.

Aunque la quinta cruzada estuvo a punto de ser un éxito y en la sexta el emperador Federico II del Sacro Imperio obtuvo la recuperación temporal de Jerusalén por medio de negociaciones con el sultán de Egipto y en la séptima Luis IX de Francia trató de buscar una alianza con los asesinos, ya el fervor religioso había comenzado a declinar. La muerte del rey de Francia en Túnez en el curso de la octava y última cruzada que él mismo había iniciado precipitó la caída de los baluartes europeos en el Cercano Oriente.

Lo que la experiencia de las Cruzadas puso de relieve fue que los musulmanes eran tan peligrosos en las guerras defensivas como en las ofensivas.

Los cruzados perdieron pero las cosas no iban tampoco bien del lado musulmán. Esa mezcla de religión y gesta política que es el Islam acababa de pasar por un momento crítico en el que su propia existencia estuvo en juego. Había sido atacado por ejércitos que venían de occidente al tiempo que la última cruzada coincidía con la toma y saqueo de Bagdad por las hordas mongólicas comandadas por un general nestoriano cristiano. Y fue de nuevo un mameluco, el general Baybars el que salvó a esa religión con su victoria contra el mismo ejército mongol en una batalla que tuvo lugar muy cerca de Nazareth. Floreció después el Imperio Otomano que durante la Alta Edad Media llegó a aventajar a la cristiandad en sus aportes culturales.

## LAS GUERRAS DEL IMPERIO OTOMANO

Los orígenes del Imperio Otomano se remontan a tribus seminómadas del Asia central que se fueron desplazando hacia occidente. Eran tribus de estirpe turcomana, desgajadas de una más grande organización política: el Imperio Seljuck instalado en Anatolia y ya convertido al Islam. Tan aguerridos como los mongoles y otras tribus provenientes de Asia, los otomanos pronto encontraron un jefe audaz, Osman, que se autoproclamó sultán a principios del siglo XIV. Esa consagración coincidió con su primera victoria sobre el Imperio Bizantino en 1301.

Fue entonces que los otomanos tomaron el relevo en la expansión del Islam. Entregada a la molicie la dinastía Abáside sucumbió en

1258 cuando Bagdad fue saqueada por los mongoles y su último califa asesinado. Nuevos guerreros ávidos de conquistas sucedieron a otros hartos de tantas guerras. Las masacres que unos y otros cometieron exceden cuantas atrocidades fueron cometidas por otros pueblos. Cuando Bagdad fue tomada por primera vez por los mongoles se estima que docenas de miles de sus habitantes fueron asesinados.

El título de sultán equivalía al de emperador de los territorios habitados por otomanos o por sus vasallos. La cuestión de discernir si los sultanes tenían además derecho a ser llamados califas no se planteó sino en el último cuarto del siglo XVIII cuando era sultán Abdulhamid I el cual hizo patente la necesidad de reconocer que su autoridad alcanzaba también a los musulmanes no otomanos que vivían fuera de las fronteras de su imperio. Su aspiración fue cuestionada por quienes sostenían que el título de califa debía corresponder a los descendientes de la original tribu Coraix a la que pertenecía el profeta. Se impuso no obstante la voluntad de Abdulhamid y la Constitución que él promulgó añadió el título de califa al de sultán. Posteriormente se hizo llamar Sultán de Sultanes, Sombra de Dios sobre Todos los Pueblos y Conquistador del Mundo.

El Imperio Otomano fue ante todo una organización militar, una gran máquina de guerra. De las 14 acciones armadas efectuadas en los primeros cien años, el imperio perdió sólo dos batallas, una contra los bosnios y otra contra el mongol Tamarlán. De Ankara a las cercanías de Viena pasando por Albania, Hungría, Grecia, Macedonia, Bosnia, Bulgaria y Serbia y desde Egipto hasta Ukrania y Crimea los otomanos establecieron las bases de su imperio. Héroes nacionales como Scanderbeg en Albania, Lazar en Serbia e Iván el Terrible de Rusia fueron derrotados. Cuando el ya dilatado imperio no estaba anexando territorios estaba sofocando rebeliones.

Al frente de esos ejércitos estaban por lo general sultanes aguerridos sin escrúpulos y dispuestos a todo. Uno de los fundadores del Imperio Otomano el sultán Mehmed dirigió 18 campañas militares. Solimán I estuvo al frente de sus ejércitos en 13 campañas. Murad III (1574-1793) mató a sus cinco hermanos el mismo día que ascendió al trono. Otro sultán (Mehmed III) eliminó a 18 hermanos y varias hermanas para evitar que alguno le disputara el trono. Y un tercero arrojó al Bósforo a 300 mujeres de su harén previamente atadas y colocadas en sacos de yute. Solimán que hizo ejecutar a su consejero favorito, el visir Ibrahim Pasha, reinó durante 46 años. Por su parte Selim ejecutó ocho Gran Visires. El capricho, la desconfianza y la crueldad se sobreponían a cualquier otro sentimiento.

El espíritu bélico se desarrolló primero que el sentimiento anticristiano. Los otomanos combatieron en efecto al comienzo contra adversarios de todo tipo, paganos, safavidis, cristianos y también mamelucos y otros. Lo que les movía era el territorio y si para ocuparlo tenían que hacer alianza con pueblos cristianos no tenían reparos en hacerlo. Se valieron asimismo al principio de matrimonios dinásticos, como fue el de su segundo sultán Orfan con la hija del Emperador de Bizancio, Teodosia. Su inicial templanza religiosa probablemente se debió a la influencia que tuvo la cultura bizantina o clásica. Todo un pintoresco elenco de colaboradores, poco piadosos por cierto, aparece a lo largo de su historia: los hermanos Barbarosa, corsarios sin escrúpulos, el renegado griego Mesia Pasha, el enigmático judío español Josef Masi y el también corsario Dragat. Los Barbarosa se hicieron tan audaces que en una oportunidad trataron de secuestrar cerca de Roma a Guilia Gonzaga, famosa por su belleza. Se proponían capturarla como regalo al sultán que seguramente encontraría espacio para ella en su harén.

Con el tiempo, sin embargo, la postura anticristiana se fue haciendo más intensa hasta llegar a alcanzar el mismo furor que caracterizaba a los árabes. Contribuyeron a esa intensificación sus reiterados choques con países cristianos en los Balcanes. Se calcula por otra parte que un quinto de los niños cristianos que vivían en territorio conquistado por el Imperio Otomano pasaron a ser esclavos o fueron adoctrinados para su integración en la burocracia o ejércitos del Islam.

Aspecto importante de la historia del Imperio Otomano es el crimen, incluyendo el crimen en las más altas esferas. Algunos sultanes y visires fueron asesinados; en el caso de los primeros una de las principales causas era el sistema de herencia que daba iguales derechos a todos los hijos del sultán; en otras ocasiones fueron hijos y padres los que se peleaban por el trono. Otro factor importante en el aumento del crimen fue el poder que llegaron a alcanzar los jenízaros, esa élite de infantería que fungía de guardia personal del sultán.

El Imperio Otomano fue ante todo una bien lubricada máquina de guerra cuya tropa principal llamada Kapikulu estaba formada por súbditos, esclavos y mercenarios bien adiestrados que debían su lealtad sólo al sultán y a Alá. A este cuerpo central del ejército, caracterizado por su disciplina, se añadían los jenízaros, las milicias y los voluntarios; los jenízaros eran una especie de contingente de élite que originariamente se formó con esclavos y cristianos prisioneros de guerra especialmente adoctrinados. No fue nunca un cuerpo demasiado numeroso (entre 20.000 y 40.000 miembros) pero se distinguió siempre por su valor y eficacia; con el tiempo se tornaron inquietos y llegaron a amenazar a los propios sultanes.

El éxito del Imperio Otomano se debió a convertir ese heterogéneo grupo de personas en un ejército profesional cuyos miembros recibían un salario que religiosamente se pagaba cada tres meses y eran adiestrados en las artes de la guerra. Sus jefes pagaban las derrotas con sus vidas. Tuvieron además la suerte de enfrentarse a un decadente Imperio Bizantino que fragmento a fragmento fue rindiendo su territorio a los agresivos otomanos.

Bajo Orfan los otomanos establecieron su primer asentamiento en Europa. Desde Ankara en el centro de Anatolia hasta Tracia en los Balcanes, los otomanos fueron configurando su imperio euroasiático. Sería un imperio de vida inquieta y a menudo violenta. En 600 años de existencia tendría 40 sultanes de los cuales 12 serían depuestos, dos abdicarían y dos serían asesinados. Fue un imperio de corte militar cuyos primeros sultanes combinaron subtítulos de cepa islámica y militar: Espada de la fe y Guerrero de la fe.

En menos de diez años Solimán el Magnífico toma Belgrado y Budapest, asedia a Viena, logra islamizar a Bosnia, Kosovo y partes de Albania, Bulgaria y Macedonia y derrota a la flota de la Liga Pontificia Veneciana en el Golfo de Arta. Fue en el reino de este sultán (1520-1566) que el Imperio Otomano llegó a su apogeo.

Tan grande fue la presión del Islam otomano que Francisco I de Francia se vio compelido a firmar unas capitulaciones con Solimán; en 1568 se firma el tratado turco-imperial de Adrianópolis. La amenaza no disminuyó sin embargo; los turcos siguieron batallando contra Austria y Venecia y más tarde contra Polonia y Rusia.

Consciente del grave peligro, el Papa Pío V exhortó a los países cristianos a unirse. Recabó el apoyo de Felipe II y con la cooperación de los venecianos y otros estados italianos (Francia rehusó cooperar) logró armar una poderosa flota que al mando de Juan de Austria derrotó a los turcos en Lepanto el 7 de octubre de 1571. Aunque la batalla en realidad tuvo lugar en Cursolares a unos 70 kilómetros del golfo de Lepanto, las primeras noticias, y posteriormente la historia, consagraron el nombre de Lepanto. Pío V fue en verdad el protagonista principal, coordinador de la flota y eje de la victoria. Dicho Papa, antes Cardenal Antonio Ghislery y después canonizado, fue probablemente uno de los pontífices más notables de la historia de la Iglesia. Conocido por su rectitud y espíritu caritativo, Pío V se sobrepuso a desaveniencias y rivalidades hasta lograr la unificación de las tres flotas –la de España, la de Venecia y la de los Estados Pontificios- y la aceptación de Don Juan de Austria como gran almirante de la flota. La victoria de la flota cristiana se debió fundamentalmente a la superioridad que mostraron sus cañones y otras armas de fuego así como a la rebelión de los galeotes cristianos que eran esclavos de los musulmanes. Éstos perdieron 200 navíos y 35.000 hombres. Además del joven e impetuoso Don Juan se distinguieron en la batalla el veneciano Agostino Barbarigo y el genovés Andrea Doria. Don Juan murió siete años después en Flandes. Lepanto salvó a Europa pero no eliminó el espíritu guerrerista de los otomanos: en los cien años que siguen a Lepanto seis países europeos (Austria, Francia, Polonia, Portugal, Rusia y Venecia) se vieron forzados a librar nuevas guerras contra los turcos.

El sesgo de las guerras cambió a partir del fracasado segundo asedio de Viena y la caída de Budapest a manos de los Habsburg en 1686 y de Belgrado en 1717. Aumentaron las derrotas y se insinuó un declive. El Imperio se vio asimismo forzado a firmar tratados de no agresión o de cesión de territorios con potencias europeas. El Tratado de Karlowitz de 1699 marca la primera vez que el Imperio Otomano firma un verdadero acuerdo de paz. Pero aún le quedaron fuerzas en el siglo XVIII para enfrascarse en guerras con Rusia, Venecia e inexplicablemente contra Irán. La fácil victoria de Napoleón en la Batalla de las Pirámides (Embabeh) en la que participaron decenas de miles de soldados y en la que del lado francés sólo hubo 30 bajas sirvió no obstante para confirmar la decadencia del imperio. En insólito gesto el sultán reconoció en 1806 la condición imperial de Napoleón y le envió un retrato suyo como presente. Era la primera vez que el Islam reconocía la paridad o superioridad del mundo occidental.

La agitación y la violencia siguieron marcando la vida interna del Islam. Unas veces eran rebeliones en los Balcanes; otras fueron los jenízaros o los wahhabis los que se insurgían contra el Imperio. En 1808 el Emperador Selim III fue asesinado y unos años después lo fue el Pashá Tepadilenli Alí y dos Gran Visires. Un nuevo orden fue instaurado a cuyo amparo se abolió el cuerpo de jenízaros; se clausuró el mercado de esclavos de Estambul y se modificó el sistema de reclutamientos.

Ya en sus postrimerías el Imperio Otomano tuvo aún arrestos para deportar y masacrar armenios y sentar las bases para que iguales tragedias afectaran a los kurdos. Se acercaba la fecha del famoso «discurso de los seis días» pronunciado por una de las figuras más preclaras del siglo XX, Kemal Attaturk, tras el cual fueron abolidos el sultanato y el califato, se eliminaron las prescripciones vestimentarias de las mujeres, se introdujo el alfabeto latino y se adoptó un código civil semejante al suizo. Turquía se modernizaba y dejaba atrás más de cinco siglos de violencia.

## TRES ENFRENTAMIENTOS CRUCIALES
## HÉROES CONOCIDOS Y HÉROES OLVIDADOS

Una tendencia simplificadora de la historia ha atribuido el éxito obtenido por los cristianos en sus enfrentamientos cruciales con el Islam a la intervención de un personaje ilustre y famoso. Las guerras ganadas se convierten ya se sabe en epopeyas y el jefe militar del ejército vencedor adquiere la categoría de héroe. El triunfo en Poitiers el 25 de octubre de 732 se debió según los sostenedores de esa tesis, al jefe militar y político de los francos, Charles Martel, padre de Pipino el Breve y abuelo de Carlo Magno. Martel dirigió con pericia el ejército cristiano que logró vencer a las huestes islámicas pero no fue únicamente esa victoria la que logró detener el avance de los musulmanes. Ya antes, en 721, el Duque de Aquitania había derrotado a los musulmanes en una sangrienta batalla a las puertas de Toulouse. Sin embargo, tras esa batalla de igual modo que después de Poitiers los ejércitos islámicos siguieron merodeando por el sur de Francia y tomando ciudades. Su rechazo final fue el resultado no de uno sino de varios reveses, de la fatiga de librar combates continuos en España y Francia y de un airado sentimiento religioso que se sintió herido por el saqueo de la iglesia de San Hilario y alentado por las bendiciones que venían de Roma. En todo caso no fue sino en 751 que los francos expulsan a los musulmanes de Narbona y que en 801 conquistan a Barcelona.

Mas aun aceptando que la victoria de Martel fue de gran significación no es posible ignorar que del otro lado de Europa el emperador bizantino León III Isaurio en 718 había obligado a los musulmanes a abandonar el sitio de Constantinopla. Fue la concurrencia de Poitiers, Toulouse, Narbona y demás con la victoria de Constantinopla la que detuvo la marcha victoriosa de la primera gran oleada de expansión islámica.

Ocho siglos después cuando era el Imperio Otomano el que amenazaba a Europa ocurrió algo semejante con motivo de la famosa batalla naval que tuvo lugar cerca de las costas de Grecia. Si Charles Martel fue el héroe de Poitiers, Don Juan de Austria sería aclamado como el héroe de Lepanto. Don Juan era hijo ilegítimo de Carlos V y medio hermano por tanto de Felipe II. En su testamento Carlos V había dispuesto que su hijo legítimo honrara a su medio hermano «de la manera que fuera más conveniente». Acatando esa disposición a Don Juan se le encomendaron varias misiones en el Mediterráneo y poco después cuando solamente tenía 24 años se le confió el mando de la gran flota que Habsburgos y Venecianos habían armado contra el enemigo musulmán. Es verdad que la flota del Imperio Otomano era más numerosa que la cristiana y es cierto también que Don Juan supo maniobrar sus barcos con habilidad pero no es menos cierto que sin la concurrencia de otros factores no habría alcanzado la fama que la posteridad le ha acordado. En primer lugar, la flota cristiana ni siquiera hubiera podido armarse si no es por las gestiones del Papa Pío V, que como se mencionó antes, pudo convencer a las dos potencias cristianas del peligro que se cernía sobre Europa. En segundo lugar, el triunfo de Lepanto tal vez no hubiera podido ocurrir sin la precedente victoria de Malta que en 1565 había ya puesto en duda la supremacía turca en el Mediterráneo. Y en tercer lugar la victoria de Lepanto no fue tan decisiva como al principio se creyó pues dos años después Venecia se vio obligada a indemnizar al Imperio Otomano con 300.000 ducados y a aceptar que el Mar Adriático fuera el límite de sus posesiones. En Lepanto influyó también el factor religioso. Pío V pidió a los cristianos que imploraran la ayuda de Dios rezando el rosario y de ahí se derivó la devoción por esa plegaria.

El tercer crucial enfrentamiento del Islam con la cristiandad tuvo lugar en 1683 en ocasión del sitio de Viena por las tropas del gran visir Kara Mustafa Pasha. De nuevo estaba en juego el destino de Europa y en primer lugar del Imperio Austro-húngaro de los Habsburgos. Ya los otomanos se habían apoderado de Belgrado y Budapest y en Viena cundía el pánico. El Emperador Leopoldo recabó la ayuda de otros países cristianos e igual solicitud hizo el Papa Inocencio XI. Ambas peticiones fueron ignoradas por los otros monarcas cristianos y en primer lugar por el más poderoso de ellos Luis XIV de Francia. El único país católico que acudió en defensa de Viena fue el rey de Polonia Jan Sobieski quien se puso al frente de un ejército de polacos y lituanos. En Viena la resistencia estuvo a cargo de un cuñado del emperador, Carlos Duque de Lorena quien disponía de 50.000 hombres. El sitio se prolongaba ya por más de dos meses, el emperador y su corte habían abandonado la ciudad y la situación se fue haciendo desesperada hasta que convergieron en Viena el ejército de Sobieski y algunas tropas de Baviera. Así reforzados los cristianos lograron derrotar y hacer huir a la desbandada al ejército musulmán. Esa victoria cristiana tuvo la virtud de iniciar el declive del Islam y ese cambio de fortuna no se debió a la intervención de las grandes potencias cristianas, sino a Polonia y la hoy minúscula Lituania.

Tampoco correspondió sólo al Duque de Lorena el honor de la victoria. La compartió con el rey de Polonia Jan Sobieski y con un oscuro monje capuchino, Marcos d'Aviano, cuyas ardientes palabras infundieron valor a los sitiados austriacos. El derrotado visir fue poco después estrangulado con una cuerda de seda que el sultán envió a los jenízaros encargados de la ejecución.

El recuento anterior muestra que además de los héroes conocidos y enaltecidos hay otros héroes olvidados o anodinos que desempeñaron también un papel protagónico en esos grandes enfrentamientos. Eran gentes de convicciones firmes forjadas en la fragua del coraje. En realidad, hay veces también en que pequeños y aparentemente triviales sucesos influyen en la historia con igual o mayor peso que las grandes efemérides. ¿Qué hubiera sucedido en la Europa de fines del primer milenio si el príncipe de Ucrania, Vladimir, hubiera aceptado la invitación a hacerse musulmán que le había hecho una delegación de Bulgaria? Su rechazo después de todo se debió al desagrado que al príncipe le causaba la prohibición del vino y la carne de puerco. Vladimiro evidentemente que no tenía la firmeza de convicciones que tuvieron por ejemplo los Macabeos.

El Imperio Otomano se fue debilitando con el tiempo y ya a fines del siglo XIX se le llegó a considerar el «enfermo de Europa».

## ÉPOCAS DE PAZ Y PROGRESO EN LA HISTORIA DEL ISLAM

No sería apropiado concluir este capítulo diciendo que toda la historia del Islam está representada por sus afanes bélicos, sus enfrentamientos con otras religiones y sus conflictos internos. Hubo desde luego períodos de paz si bien la magnitud de éstos también ha sido exagerada.

Algunos autores que adoptan una actitud benévola hacia el Islam sostienen que al lado de los conflictos y enfrentamientos antes citados hubo iguales o más prolongados períodos de *convivencia*. Sin embargo, esa tesis no parece tener sustento adecuado. Hubo sí etapas y lugares en los que cristianos y musulmanes coexistieron e incluso intercambiaron gestos de comprensión y hasta colaboración, pero ellos fueron episodios locales o transitorios y nunca fueron auspiciados por las sedes más altas del Islam ni llegaron a producir correcciones en los textos básicos de esa religión.

Los ejemplos más destacados que al respecto se mencionan son los de España en la época que sigue a la desaparición del califato omeya de Córdoba, el de Palermo en Sicilia y el de Toledo también en España en la etapa que sigue a la reconquista de la ciudad por Alfonso VI de Castilla.

Es cierto que en España (cuya ocupación por los ejércitos islámicos comprendió sólo dos tercios de su territorio) se produjo durante dos o tres siglos un fenómeno de reconocimiento y tolerancia mutua no solamente de cristianos y musulmanes sino también de éstos con los judíos. Al sur de la península, en la parte regida por reyes moros, se permitió que vivieran los *mozárabes* es decir cristianos que pudieron seguir practicando su fe. Al norte, o sea más allá de la estrecha tierra de nadie que iba desde Toledo a Badajoz (y seguía en Portugal hasta Coimbra) los incipientes reinos cristianos facultaron a los islámicos llamados *mudéjares* a que continuaron orando a Alá según las prescripciones del profeta. Y aún más, cristianos y judíos llegaron a asesorar a los moros en el gobierno de sus territorios y hasta a servirles en el área militar sobre todo en las guerras que entre sí libraban las taifas y lo inverso ocurrió también del lado norte donde judíos y musulmanes ayudaron en la administración de los reinos cristianos. Es más, se efectuaron en esos años fecundos intercambios culturales y menudearon las uniones matrimoniales de cristianos con gentes de las otras religiones.

Todo lo anterior es verdad pero no es menos cierto que ello sucedía en la periferia del mundo islámico, al margen de sus escrituras sagradas y que tales períodos de extraoficial concordia no estuvieron en modo alguno exentos de episodios violentos. En Córdoba la convivencia termina hacia el 1,037 cuando vuelven a ocurrir hechos de sangre como el ocurrido cuando el rey moro de Sevilla invitó a sus pares de Jerez, Morón y Ronda a mantener conversaciones de paz y en vez de ello les asesina.

Los otros dos ejemplos, de convivencia tuvieron carácter local y fueron promovidos por personajes cristianos. El de Palermo ocurrió durante el siglo de ocupación normanda de Sicilia (una de las doce dominaciones de la isla por gentes de otras culturas). Los normandos que en el siglo XI conquistaron Palermo, la ciudad principal de la isla, encontraron a su llegada que ya existía una naciente convivencia y se dedicaron bajo el rey Roger I a impulsar e institucionalizar la armonía religiosa. Y algo parecido ocurrió en Toledo a partir de 1085 bajo los auspicios del rey de Castilla y con la activa participación del obispo Raimundo. La ciudad se convirtió en sitio de entendimiento y fomento cultural, su biblioteca llegó a competir con la de Córdoba en número de volúmenes y también en la traducción de las obras clásicas del mundo árabe y el mundo grecolatino. Los sucesores de Alfonso llegaron a creer que eran reyes o emperadores de las tres religiones. Desgraciadamente, siglos más tarde el sueño se disipó y Toledo no sería conocido por esa singular ocurrencia sino por atribuírsele erróneamente la titularidad de la nefasta Inquisición que en realidad existió no sólo en España sino también en otros países europeos.

Aunque los actuales voceros del fundamentalismo sostienen que la Edad de Oro del Islam corresponde a la época de Mahoma y los primeros cuatro califas o sucesores del profeta, en realidad sus grandes realizaciones y sus progresos más notables se refieren al período en que competían los califas Abásides de Bagdad con los califas Omeyas de Córdoba, (ciudad que entre 756 y 1031 constituyó un califato independiente). Fue durante esos años que se llevaron a cabo formidables construcciones y obras de irrigación, se fomentaron las artes y la ciencia, se tradujeron las obras clásicas de Occidente y aparecieron bibliotecas, observatorios y centros de enseñanza. Badgad («ciudad de paz») y Córdoba se convirtieron en centros del mundo culto. Fue la época de los grandes califas Abásides, Harum al Rashid y Mansur en Bagdad, la época en que se construyeron la mezquita de Córdoba y la Alhambra de Granada y en la que en Al Andalus vivieron Averroes y

Maimónides. Córdoba se convirtió en corte deslumbrante que competía con las grandes urbes de Europa.

El imperio islámico se había entonces consolidado y fueron los intercambios comerciales los que estimularon la producción. Aunque la prohibición del préstamo con intereses frenaba muchas actividades, fue durante esos años que se realizaron nuevos cultivos, se intensificó la minería, se generalizó el uso de la moneda, se hizo posible el desarrollo de una próspera artesanía y alcanzó niveles respetables la transportación marítima. Algunas profesiones y especialidades llegaron a superar a sus homólogos de la Europa medioeval. Particularmente notables fueron los adelantos logrados en el álgebra, la medicina (y en particular la farmacopea), la astronomía y la geografía. Si bien no se produjo ninguna revolución técnica y una gran parte del trabajo intelectual tuvo que dedicarse a las dificultades que planteaba la aplicación del *Corán*, es de justicia reconocer el carácter positivo de esos aspectos del Islam. Y recordar que en el siglo X una secta secreta de Ismailitas (véase el capítulo XII) abogó por atribuir a la ciencia un cierto papel en la interpretación de las creencias religiosas y a ese efecto llegaron a publicar nada menos que 52 tratados científicos.

El problema está en que esa apacible visión del Islam ocurrió hace mil años y que esa efímera impresión de quietud y sosiego no ha podido extirpar las raíces de hostilidad que nutren hoy la imagen real del Islam.

## DECLIVE DEL MUNDO ISLÁMICO

A partir de fines del siglo XVII y en particular desde que Carlos de Lorena reconquista Budapest en 1686 comienza un ciclo de adversidades para el imperio islámico. Se suceden las derrotas militares y se hace cada vez más pronunciada la distancia que en términos de desarrollo le separa del mundo cristiano. En 1781 se firma el tratado austro-ruso para la partición del imperio turco. En 1826 el sultán Mahmud II se vio obligado a abolir el cuerpo de jenízaros. En tanto que el capitalismo y la gran industria transformaban a Europa, los países del Islam se sumían en la pobreza.

Son tres siglos de frustraciones y humillaciones. Casi todos los países árabes y un buen número del resto de los que hoy son musulmanes, se convirtieron en protectorados ingleses o franceses. Los tres países de mayor población islámica, India, Indonesia y Pakistán, pasaron a ser colonias de Inglaterra y Holanda. Entre 1830 y la Primera Guerra Mundial, Argelia, Marruecos[9], Túnez y Mauritania caen en poder de Francia. Los países que no se convirtieron en colonias concedieron derechos de protección y control a potencias europeas, como sucedió con Egipto, Afganistán y Sudán. Hasta Italia se adjudicó el control de Libia y parte de Somalia. A principios del siglo XX el Tratado de San Petersburgo consagra la partición de Persia en áreas de influencia de Inglatera y Rusia.

Fue un largo período durante el cual los otrora altivos fieles de Mahoma fueron dominados y en algunos casos explotados por los gobiernos de países infieles. Hubo tiempo para acumular rencores, rumiar venganzas y soñar con un retorno a su antiguo esplendor.

Como se observó antes, el despertar vino con el hallazgo hacia principios del siglo XX de la inmensa riqueza petrolera que yacía en el subsuelo y el posterior proceso de descolonización que tras la Segunda Guerra Mundial fue auspiciado por las Naciones Unidas. El petróleo hizo ricos a países que ahora eran dueños de sus destinos. No han querido aprovechar sus dineros para modernizarse sino para revivir sus ínfulas imperiales y esparcir sus creencias. Y fueron los árabes los que otra vez se pusieron a la vanguardia elevando su militancia a extremos del mayor arrebato; sus líderes más fanáticos enardecen las mentes de las nuevas generaciones y en Irak han llegado a reclutar niños de nueve y diez años. El Islam reanudó así el ciclo de su vivencia histórica. En 1983 se dio comienzo a la nueva serie de enfrentamientos con el ataque a la Embajada de Estados Unidos en Beirut. No son ahora los bereberes, ni los tártaros, ni los kurdos, ni los mamelucos ni los jenízaros del Imperio Otomano los que asumen la iniciativa. Fueron de nuevo árabes y persas los que tomaron la iniciativa; habían encontrado una provocación en la creación del Estado de Israel, un nuevo impulso en el fundamentalismo, un motivo de inspi-

---

[9] Partes de Marruecos fueron también posesión de España.

ración en el triunfo de los ayatolas y un arma terriblemente eficaz en el atacante suicida. Una vez más habían comenzados las hostilidades.

## CAPÍTULO XIII

## LAS REACCIONES DEL MUNDO OCCIDENTAL

**DIVISIÓN Y DESCONCIERTO**
La reacción del mundo occidental ante la atrocidad del 2001 y la subsecuente serie de atentados lanzada por el Islam ha sido unas veces tibia o débil y otras firme pero equivocada y contraproducente. Hay también una gran zona intermedia o neutra compuesta por países, gobernantes y gentes que aún no se han dado cuenta del peligro.

Para la mayoría de los cristianos la idea de una guerra de religiones en un mundo dominado por el racionalismo, el hedonismo y los progresos tecnológicos parecía cosa absurda o remota. Aunque el mundo islámico había experimentado un despertar reciente la idea que tendía a predominar era la que seguía siendo un mundo subdesarrollado que durante los tres últimos siglos se había quedado atrás con respecto al Occidente moderno. Era mucha la distancia que separaba a las dos civilizaciones para que se le diera carácter serio al peligro.

Hay además muchos ingenuos que tienden a espiritualizar la *yijad* y piensan que es algo así como una operación beatífica. Según estos partidarios del apaciguamiento lo que el Islam enseña es un mensaje de paz, tolerancia y hospitalidad; los llamamientos a tomar las armas que figuran en *El Corán* se refieren únicamente a guerras defensivas. Alegan que no hay compulsión para pertenecer al Islam y que los que otra cosa sostienen sufren de Islamofobia.

Otra postura representada entre otros por Stephen Schwartz se esfuerza por distinguir el puritánico wahhabismo de la corriente principal del Islam que es a su juicio amante de la paz y la concordia. Este autor, incidentalmente, niega la existencia de Jesucristo.

El famoso y polémico teólogo Hans Kung dedica su voluminoso estudio sobre el Islam a «sus amigos musulmanes de todo el mundo» y niega que el Islam maltrate a las mujeres, promueva el terrorismo, fomente el autoritarismo o sea enemigo de Occidente. Kung al parecer no ha querido leer bien *El Corán* o leyó una versión distinta, tal vez edulcorada, del texto en cuestión. Tampoco parece estar al tanto de lo dicho por los líderes religiosos contemporáneos como por ejemplo el Gran Ayatola Jomeini quien poco después de asumir el poder en Irán declaró: «Aquellos que saben poco del Islam dicen que el Islam desaconseja la guerra. Los que eso afirman son unos necios. El Islam dice: «Matad a los infieles de igual modo que ellos os matarían. No hay que esperar a que ellos os devoren. Matadlos, pasadlos a cuchillo y dispersad sus ejércitos. La espada es la llave del paraíso».

Aun en ocasiones en las que los musulmanes habían cometido crímenes contra figuras del mundo occidental las reacciones han sido débiles. El cineasta Theo van Gogh fue asesinado en Amsterdam en 2004 y ese crimen provocó manifestaciones de protesta pero no se produjo un debate nacional sobre la responsabilidad de la importante inmigración islámica. Con anterioridad en 2002 un político de ese mismo país Pim Fortyn trató de concientizar al pueblo sobre el peligro del Islam y fue asesinado por un compatriota suyo que dijo actuar en nombre de los holandeses islámicos (En los Países Bajos viven alrededor de un millón de musulmanes).

Si los cristianos de Holanda no supieron reaccionar debidamente en esos casos sí lo hicieron los musulmanes que llegaron hasta el asesinato en protesta por las caricaturas de un periódico de provincia en Dinamarca, país que acoge a un 5 por ciento de población islámica[10]. Una reacción parecida ha tenido lugar en Sudán, el país que tantos infelices ha matado en Darfur y donde turbas de fanáticos del Islam demandaron la ejecución de la maestra inglesa que tuvo una infeliz ocurrencia en relación con el nombre de su Teddy Bear. No se olvide por último que ha seguido bajo protección policial el novelista inglés Salman Rushdie sobre el cual pende un edicto de ejecución del Ayatola Khomeini. Y que en 2008 fue asesinado en Irak el arzobispo caldeo católico de Irak Paulu Faraz Rahho.

---

[10] En una ejemplar demostración de solidaridad y valentía otros 17 periódicos daneses volvieron a publicar en 2008 la caricatura en cuestión.

No sólo no hay unidad de criterios en evaluar el peligro del Islam sino que tampoco se tiene en Occidente una clara conciencia de la gravedad de ese peligro y en los países que sí la tienen existe una gran desorientación. Los E. U., por ejemplo, además del monumental error de atacar a Irak que tenía un gobierno secular muy ajeno al fundamentalismo gastan 75 millones de dólares al año en programas dirigidos a fomentar la democracia en Irán y esos programas que a veces presentan a Reza Pahlavi, el hijo del Sha, en vez de enfocar las cuestiones de fondo que atañen a la existencia de un Estado Teocrático y totalitario son un simple desperdicio de dinero.

No son pocos, por último, los que piensan que no hay razón para alarmarse dada la gran división del mundo islámico entre sunitas y chiitas, olvidando que a todos los une la aceptación del *Corán* y el implacable odio a las gentes de las Escrituras.

**VOCES DE ALERTA**

Hubo sí observadores sagaces que percibieron el peligro y dieron voces de alerta. En su famoso artículo de *Foreign Affairs* y en su libro de 1996 Samuel P. Hungtinton llamó la atención sobre el choque de civilizaciones. Bernard Lewis advirtió sobre el resentimiento que domina al mundo islámico y su aspiración a retornar a un pasado dominante y sagrado. Franco Cardini hizo hincapié en el hecho de que el Islam está una vez más llamando amenazador a nuestras puertas. Serge Trifkovic mostró cómo el terrorismo islámico constituye un fenómeno global que forma parte de una nueva clase de contienda armada difícil de identificar y de vencer. Walter Laqueur subrayó el hecho de que el Islam ha rechazado cuantas invitaciones al diálogo ecuménico se le han dirigido; las organizaciones islámicas de Europa, añade, se disocian oficialmente del once de septiembre pero siguen creyendo en la guerra santa. Giles Kepel señaló cómo el ataque al enemigo lejano sirvió para radicalizar al Islam cercano. Stephan O'Shea nos recuerda que el lenguaje de la *yihad* de repente ya no parece arcaico. Según Robert Spencer la *yihad* global de hoy es una simple prolongación de la que preconizó el profeta. Norman Podhoretz sostiene que el islamismo es una mutación de la enfermedad totalitaria. José

Morales advierte con inquietud la tendencia del Islam a resistir la secularización y a fomentar el anhelo teocrático. Lee Harris describe la naturaleza imperialista del Islam y plantea la posibilidad de que Occidente sea destruido por el islamiso radical. Martín Amis pide a los musulmanes que pongan en orden su casa hoy aquejada a su juicio de racismo, totalitarismo, imperialismo, homofobia y tendencias genocidas. Y nadie mejor que Oriana Fallaci denunció con la mayor valentía la grave amenaza del Islam. Ella arremetió sin concesiones contra el Islam al que definió como «el cáncer moral que devora a Occidente». Otros autores han puesto de relieve cómo funciona el sistema de reclutamiento y radicalización que siguen los activistas musulmanes así como la inminencia del peligro. Y fue el actual Papa Benedicto XVI quien en septiembre de 2006 señaló que el Islam está alejado de la razón y que busca dominar la fe mediante la espada. «Quienes son incapaces de hablar bien y de razonar correctamente suelen recurrir a la violencia» señaló el Papa.

Benedicto XVI apeló a su erudición para poner en boca del emperador bizantino Manuel II Paleólogo lo que seguramente él pensaba también, a saber, que Mahoma nada había traído de nuevo salvo cosas malvadas e inhumanas como su compromiso de difundir el Islam por medio de la espada. La cita causó sensación y provocó la ira del Islam. Los presuntos correligionarios de los genocidas del 11 de septiembre expresaron furia y enojo y la efigie del Papa ardió en muchas ciudades islámicas. Sometido a fuertes presiones, Benedicto XVI creyó oportuno ofrecer disculpas.

Los ofendidos mahometanos alegaban que hay varios versículos del *Corán* que se refieren a la compasión, la piedad y el respeto a la vida de inocentes. Recordaban además que todos los capítulos del *Corán* fueron escritos en nombre del Dios «clemente y misericordioso» y que ello era incompatible con la enormidad de los actos de terrorismo. Islam agregan quiere decir «entrega o sumisión» a ese Dios de infinita bondad y una religión basada en ese reconocimiento no puede cometer crímenes.

Mucho se ha especulado sobre las razones que motivaron al Papa a hacer esa declaración. Algunos piensan que fue un error y que Su

Santidad nunca quiso ofender a los musulmanes; otros creen que simplemente quiso evaluar las reacciones que iba a provocar su discurso; y no faltan los que con mayor perspicacia sostienen que quiso poner de relieve la primacía de Occidente. Según Georg Gansevein, Secretario y Consejero de Benedicto XVI, el Papa quiso advertir a Europa de los peligros que entraña la ingenuidad frente a los intentos de islamizarla.

Dicha al comienzo de un discurso enjundioso y profundo en el que Benedicto XVI discutió la racionalidad de la fe y en el que aludió a las culturas religiosas y a las filosofías positivistas que relegan la religión al espectro de las subculturas, no parece lógico pensar que se trata de una indiscreción o provocación del Papa. El Papa quiso cuestionar la validez del Islam e incitar a los interlocutores a un gran diálogo de las culturas. Se propuso también sostener que un predominio de la razón sin fe conduce al nihilismo en tanto que la prevalencia de la fe sin razón desemboca en el fanatismo.

Estas consideraciones contribuyen asimismo a explicar otros aspectos negativos de la teología islámica, a saber su acérrimo carácter intolerante, agresivo y excluyente. Quienes no creen en la palabra de Mahoma no sólo son excluidos de las promesas del profeta sino que pueden convertirse en objeto de persecución y agresión. En realidad, los versículos que se citan en capítulos anteriores ponen de manifiesto que la franquicia para exterminar infieles es un elemento importante de la doctrina islámica.

## LAS ACTITUDES AMBIGUAS

A diferencia del Papa gran parte de los jefes de Estado han preferido esquivar el problema o incluso tenderle la mano al Islam. Uno puede comprender que el Presidente de E.U. y el Primer Ministro inglés hayan tratado de diferenciar por razones políticas a los terroristas de esa religión de su gran masa de creyentes. Es difícil entender sin embargo la propuesta del Presidente del Gobierno de España, Rodríguez Zapatero, de pactar una Alianza de Civilizaciones con quienes acababan de atacar brutalmente a su país. Zapatero incidentalmente se niega a reconocer que hay un terrorismo islámico y usa en su lugar la expresión «terrorismo internacional». En su ingenuidad e ignorancia sigue al parecer creyendo que aún existe la *muyalata* de tiempos pretéritos. Y sólo conociendo sus antecedentes puede uno explicarse la asociación *non sancta* de Fidel Castro y Hugo Chávez con los fundamentalistas de Irán.

Sin embargo, el colmo de la ingenuidad lo proporcionan algunas Iglesias Episcopales de E.U. que incluyen a Mahoma en la lista de los santos dignos de veneración. Y llevando aún mas lejos el desvarío fue el Arzobispo de Canterbury jefe máximo de la Iglesia anglicana, el que propuso en 2008 que Inglaterra adoptara la Sharia para resolver las disputas de los musulmanes que viven en ese país. Son ejemplos de candidez sólo superados por las declaraciones de Jimmy Carter tildando de criminal la política de su país con respecto al grupo terrorista Hamas. En 1991 uno de los voceros musulmanes en E. U., Siraj Wahaj tuvo a su cargo la invocación a Dios en el Congreso de E. U. y en 2001 se dio el caso antes citado del congresista de color elegido por el estado de Minnesota, que rechazó la Biblia y escogió *El Corán* para prestar juramento al tomar posesión de su cargo. Juró con su mano puesta en un libro que preconiza el exterminio de la población judeo-cristiana de los E.U. Y frente a esa enormidad solamente un congresista de Virginia expresó una débil protesta. Los demás 434 congresistas permanecieron mudos. Y, por supuesto, hubo varios columnistas afroamericanos que salieron en su defensa.

La Casa Blanca por su parte ofreció en el segundo período de Clinton una gran recepción a las grandes figuras de la comunidad islámica de E.U. Y fue el mismo Bill Clinton el que dispuso el implacable bombardeo de una capital de Occidente, Belgrado, con vista a procurar la independencia de la provincia mayoritariamente islámica de Kosovo. (En su supina ignorancia Castro ha dedicado alguna reciente «reflexión» a condenar la agresión de los E.U. en Kosovo). Unos años antes el Presidente Carter dio cuatro mil millones de dólares a Pakistán para la construcción de las escuelas islámicas de donde saldrían los Talibanes.

Las actitudes conciliatorias tienen viejas raíces. El propio Dante Allighieri que no fue indulgente con Mahoma situó en el limbo a tres célebres musulmanes: Saladino, Avicenas y Averroes. El limbo, ya se sabe alberga a los no cristianos exentos de pecado. Otros escritores hacen hincapié en la bondad innata y la piedad de los sufis o mencionan los pocos versículos del *Corán* que ofrecen perdón a los cristianos y sugieren que su religión es digna de respeto. No faltan los que se refieren a la misión de paz que condujo a San Francisco a entrevistarse con el Sultán o aluden al reciente tratado suscripto por Turquía y el Vaticano o abogan sobre todo en Europa por la tolerancia y el multiculturalismo.

En los E.U. hay universidades como la de Michigan que procuran complacer a sus estudiantes musulmanes (que ya constituyen el 10 por ciento de su estudiantado) construyendo pocetas o baños de pie para las abluciones y espacios de recogimiento para sus oraciones. En Harvard el Boletín del Divinity School acostumbra publicar artículos sobre el carácter pacífico del Islam y la necesidad de una reconciliación. Y fue en esa misma universidad donde en febrero de 2008 se dejó oír por la radio y los magnavoces la voz del muecín que convocaba a la plegaria ritual islámica (ahhan); unos meses antes se había dispuesto que los gimnasios de la universidad reservaran ciertas horas para el ejercicio exclusivo de las mujeres islamitas. En el Reino Unido los fanáticos culpables del atentado terrorista de Londres habían recibido más de medio millón de libras esterlinas en ayuda económica y su actual Primer Ministro Gordon Brown prohíbe el uso de la expresión terrorismo islámico a pesar de existir según el jefe del departamento M15 más de 200 organizaciones terroristas en el país. En las Naciones Unidas Kofi Annan condenó en 2004 lo que llamó Islamofobia, es decir el fanatismo religioso que a su juicio lastimaba los derechos de los musulmanes. Olvidó que ellos rechazan hoy la Declaración Universal de los Derechos Humanos y proclamaron en 1981 y 1990 su propia Declaración Universal Islámica de los Derechos Humanos en la que se omite, inter alia, la libertad de religión.

## AYUDAS ABIERTAS O SOLAPADAS

En el plano oficial se suceden los ejemplos de posturas pusilánimes frente a la agresividad islámica, agresividad que se manifiesta no sólo en los ataques de grupos rebeldes sino también en la mala fe de algunos gobiernos de esa filiación. La autorización que el Gobierno de Indonesia dio a milicias musulmanas para que arrasaran al naciente Estado cristiano de Timor del Este, la indiferencia con que la comunidad internacional contempló la eliminación por el Gobierno de Nigeria de la cristiana Biafra, la apatía con que se ha dejado que los musulmanes de Sudán se dediquen al recurrente genocidio de Darfur, la displicencia de Occidente ante la gradual extinción de los maronitas del Líbano, el desinterés del mundo cristiano ante el exterminio de los últimos reductos de nestorianos, melquitas y caldeos del sector cristiano de Oriente Medio, la ausencia de condena a Turquía por las masacres de armenios cristianos, son sólo algunos ejemplos de esa alarmante pasividad. Y aquí mismo en la América Latina la manera timorata como las autoridades argentinas han conducido la investigación del atentado que en 1994 destruyó la sede de la Asociación Mutual Israel-Argentina y causó la muerte de 84 personas sobresale por su cobardía. En ese país es un secreto a voces que ese crimen fue financiado y planeado por el Gobierno Teocrático de Irán, pero nada se ha hecho contra ese Estado.

## LA POSTURA FIRME

La vertiente opuesta, la que preconiza una oposición abierta contra el fundamentalismo islámico está representada por la política seguida por el Presidente de E.U. Poco después del ataque a las Torres Gemelas, Bush declaró primero la guerra contra los Talibanes de Afganistán y ello obtuvo el respaldo de la inmensa mayoría de la población de E.U. y la comprensión de casi todos los países occidentales. Sin embargo, luego (en 2003) cometió el monumental error de lanzarse a otra contienda contra Irak. Al parecer no había visto en el mapa que ese país tenía largas fronteras con Irán, Siria y Arabia Saudita y que a través de esas porosas fronteras podían filtrarse fanáticos chiitas y wahhabis, mujadines y atacantes suicidas. Tampoco se había enterado de que el régimen dictatorial de Sadam Hussein no era de tipo religioso sino secular o laico e inclinado a esa forma de socialismo árabe que es el Partido Baath. Invocó la existencia de armas de destrucción masiva y sostuvo que Hussein tenía vínculos con Al Qaida, pero ni la una ni la otra aseveración resultaron ciertas. Las alegaciones no convencieron por cierto al Consejo de Seguridad de NU y por primera vez los E.U. se comprometieron en una guerra no autorizada por la comunidad internacional. Se trataba pues de una supuesta guerra preventiva que carecía de legitimidad jurídica y moral.

E.U. se enfrascó así en una guerra injustificada en la que su poderío militar no podía eliminar las nuevas armas del atacante suicida, los coches bomba y la constante renovación de las huestes enemigas. En vez de introducir democracia y estabilidad lo que ha ocurrido en Irak es precisamente lo opuesto: miles de hogares destruidos, matanzas diarias, desplazamientos masivos de población, agitación religiosa, caos político y pocas perspectivas de pacificación. Antes de la guerra el vicepresidente de Irak era cristiano. Ahora el 40% de la población ha tenido que huir del país. La guerra de Irak resultó además contraproducente al impedir que se llevara a feliz término la guerra en Afganistán y al motivar a miles de árabes a convertirse en fanáticos.

El balance de cinco años de guerra no podía ser más negativo: más de 4,000 soldados americanos muertos, cientos de miles de irakíes muertos o desplazados, más de 500 mil millones de dólares gastados, declive del prestigio de los E.U., un renacer del militantismo islámico, multiplicación del número de terroristas y un gran regalo de Bush a Irán por vía de la secta sunita. La reputación de los E.U. decayó en otros países al punto de que en Europa el descrédito de Bush arrastró consigo a tres jefes de gobierno (Aznar, Berlusconi y Blair) y sólo un 26 por ciento del pueblo americano dando apoyo a su gobierno.

La postura más firme de los E.U. se encaminó así por una ruta equivocada y el resultado está a la vista: de país víctima pasó a la condición de victimario, de tener el respaldo casi unánime del pueblo americano hoy cuenta con el apoyo de solamente un cuarto de los habitantes del país, de gozar del favor de los otros países occidentales dicha política concita ahora el menosprecio de varios de ellos. Lejos de eliminar la amenaza de violencia terrorista, ésta ha aumentado. Al Qaida sigue en pie y hasta ha mejorado sus capacidades en el tipo de guerra asimétrica que en la actualidad se libra en Irak. Errores de cálculo se añaden al empecinamiento del Presidente Bush. Una estimación del aparato de inteligencia de los E.U. publicada en julio de 2007 ofreció al mundo un cuadro devastador sobre los resultados de la guerra y el peligro del terror.

Y mientras todo ese cúmulo de errores afectaba al mundo occidental, el Islam fortalecía su tradición *yihadista* o de guerra santa y sus grupos más militantes establecían una red mundial de instalaciones terroristas y refugios o casas de seguridad. Países musulmanes que hace medio siglo parecían sumidos en la pobreza y el atraso hoy vuelven a erigir las máquinas de guerra que años atrás les dieron tantos triunfos. En las sombras se desplazan los que apelan al terrorismo en sus varias formas incluyendo el terrorismo intelectual. Para evitar que ello ocurra la cristiandad necesita una clara percepción del peligro que le acecha. Lo señaló sin disimulo Oriana Fallaci: estamos frente a la mayor conjura de la historia moderna.

Y lo proclamó también la Iglesia Católica en su *Compendio de las Doctrinas Sociales* (2005) en el que sin mencionar al Islam se condena explícitamente a esa red obscura de complicidad terrorista que utiliza sofisticados medios técnicos, se vale de ingentes cantidades de recursos financieros y se enfrasca en una lucha caracterizada por ciegos ataques a gran escala en los que personas inocentes son víctimas de la acción criminal.

## BALANCE Y PERSPECTIVAS

No sería prudente decir que existe ya una guerra de religiones a escala mundial e ilimitada utilización de armas letales y recursos de todo tipo. Sí parece apropiado afirmar que esa guerra se está gestando ya entre los múltiples episodios locales de terror y acción bélica. Bajo formas diferentes esta guerra es la misma concebida hace muchos años en las cálidas arenas de la Península Arábica. Los episodios de terror ocurridos a partir de 1983 fueron una trágica alerta; el 11 de septiembre fue la culminación del mismo horror bestial y pavoroso que tantos antecedentes tiene en la historia.

Acontecimientos posteriores añadieron peso a la crucial interrogante: ¿Estamos cerca de una tercera guerra mundial, una guerra que podría involucrar a miles de millones de seres humanos? No es una pregunta frívola o absurda. Durante tres siglos, es decir, desde que Carlos de Lorena conquistó a Budapest y los turccos fueron derrotados en Zenta, exactamente el 11 de septiembre de 1697, el mundo parecía haberse librado de la que hasta entonces había sido una perenne amenaza islámica. Casi exactamente trescientos años después, en 1993, ocurrió el primer atentado al World Trade Center y en los años inmediatamente anteriores y posteriores a ese atentado se sucedieron una serie de hechos que pueden considerarse actos de guerra contra el mundo occidental y cristiano.

No sería la contienda prevista por muchos una guerra cualquiera. Algunas guerras de religión se declaran y conducen desde los más oscuros y siniestros rincones del fanatismo que hoy se ha dado en llamar fundamentalismo. Son guerras difíciles de concluir por vía de negociaciones porque en ellas están involucrados los dogmas y los dogmas no son negociables. No sería tampoco una guerra llamada a librarse en campos de batalla por ejércitos regulares; ni serían tampoco soldados los contendientes únicos de esos enfrentamientos; en ellos el daño colateral que las modernas armas de destrucción masiva podrían infligir a la población civil sería inmenso. Es una guerra, por último, que sorprende al mundo occidental con la guardia desprevenida, sus valores impugnados desde adentro y su fe erosionada por una combinación de agnosticismo, hedonismo y relativismo.

Es muy difícil, si no imposible, que las creencias islámicas crucen a estas alturas el puente de la reconciliación. No lo han hecho en 1,370 años y se requeriría ahora una suerte de catarsis modernizadora y racionalista para que ello ocurriera. El espíritu bélico está consagrado en *El Corán* y corroborado por la historia. Y recuérdese que se trata de una creencia que no necesita trascender la verdad ni la razón. Lejos de atenuar su doctrina Bin Laden en su video de septiembre de 2007 conminó al pueblo de E.U. a convertirse al Islam.

Si no es factible pues <u>convencerlos</u> será necesario <u>vencerlos</u>. La historia enseña que el mundo cristiano sólo ha podido vivir prolongados períodos de paz luego de haber infligido derrotas decisivas al Islam. Así sucedió tras Poitiers, Navas, Lepanto y Viena.

Llámesele a estos viejos contrincantes fuerzas maléficas, mentes enfermas, simples fanáticos o devotos religiosos de otra grey, el peligro que hoy se cierne sobre el mundo occidental y cristiano es cierto y grave. Y ese peligro no podrá superarse si no hay del lado occidental identidad de propósitos, fortalecimiento de la fe y estrategias idóneas. El mundo cristiano ha tenido que luchar muchas veces por su supervivencia y ha emergido siempre victorioso. «Nos esperan, sin embargo, días todavía más duros» escribía Oriana Fallaci en 2004 en *La fuerza de la razón*. Huntington teme por su parte que Occidente no esté cuidando bien sus bastiones y estima dudoso que permanezca fiel a su misión o muestre la voluntad y la coherencia necesarias para cumplirla. Al pueblo cristiano le incumbe pues levantar una vez más sus banderas y hacer frente al peligro inminente: «Ya nos están rodeando sus pisadas y clavan en nosotros sus ojos a fin de derribarnos por el suelo» (Salmos, 16-11).

El nuevo enfrentamiento no se anuncia fácil. El enemigo es mayoritario en unos 50 países del mundo, ha sentado plaza en recintos de Occidente, exhibe rostros diferentes, lanza amenazas veladas o apocalípticas, dispone de armas mortíferas, cuenta con muchos recursos y se ufana en tener ínsolitos aliados. Ellos saben además que la senda a seguir no es otra que la fijada por el profeta. Los cristianos en cambio aún no han dilucidado cual es el camino correcto. Necesitan aguzar el discernimiento y fortalecer el coraje y la constancia. «Que Dios levante la fuerza de la cristiandad, nos señale el sendero a seguir y asegure la paz en sus confines» dicen los antiguos cantos de acción consagrados en la Biblia.

# BIBLIOGRAFÍA

Ahmed, Akbar, *Islam Today* (London: Taures I.B. Publishers, 1999).
Al-Shamma, S.H. *The Ethical System Underlying the Coran*. (Tubingen University Press, 1959).
Alden Williams, John ed., *Islam*, New York. (sf)
Ayoub, Mahomed M., *Islam-Faith and History* (Oxford: One World, 2004).
Bawer, Bruce. *While Europe Slept* ( New York: Double Day, 2006).
Benzine, Rached. *Les nouveaux penseurs de l'Islam* (París: Albin Michel, 2002).
Cappone, Nicolo. *Victory of the West* (Cambridge, M.A: Da Capo Press, 2007).
Cardini, Franco. *Nosotros y el Islam* (Barcelona: Crítica 2002).
Caspar, R., *Para una visión cristiana del Islam* (Santander: Sal Terrae, 1995).
Cuñat, Daniel. *Al Andalus- Los Omeyas* (Madrid: Biblioteca Básica, 1991).
Davies, Joyce, *Martyrs* (New York: s.f.)
Darwish, Nonie. *Now they Call me Infidel* (New York: Gentinel, 2006).
Gabriel, Richard A., *Muhammad, Islam First Great General* (Oklahoma: Norman, 2007).
Gartenstein-Ross, Daveed. *My Year inside Radical Islam* (New York: Penguin, 2007).
Gibbon, Edward. *The History of the Decline and Fall of the Roman Empire* (Londres: The Folia Society, 1938).
Gold, Dose.*Hatred's Kingdom* (Washington: Regnery Publishing Company, 2003).
Gordon, Mathew S. *The Rise of Islam* (Londres: Greenwood Press, 2005).
Finkel, Caroline. *Osman's Dream* (New York: Baset Books, 2005).

Huntington, Samuel. «The Crash of Civilizations». *Foreign Affairs*, Summer 1993, vol. 72, no. 3.

Kepel, Gilles. *Fitna, Guerre au couer de l'Islam* (París: Editions Gallinard, 2004).

_____ *La revancha de Dios* (Barcelona: Muchnik, 1991).

Khalil, S. *Cien preguntas sobre el Islam* (Madrid: Encuentro, 2003).

Kung, Hans. *Islam Past, Present and Future* (Oxford: One World, 2007).

Laqueur, Walter. *The Last Day of Europe* (New York: St. Martin Press, 2007).

Lebor, Adam. *A Heart Turned East* (New York: St. Martin Press, 1998).

Lewis, B.S. *El lenguaje político del Islam* (Madrid: Taurus, 1990).

Lewis, Bernard. *La crisis del Islam* (Barcelona: Ediciones BSA, 2003).

_____ *What Went Wrong* (New York: Oxford University Press, 2002).

Lewis, C.S. *Mere Christianity* (New York: Touchstone, 1996).

López Campiño, Antonio. *Islam para adultos* (Madrid: Adhara Editores, 2005).

Michon, J. L. y Roger Gaetani, *Sufism-Love and Wisdom* (Bloomington, Ind.: World Wisdom, 2006).

Morales, José. *Caminos del Islam* (Madrid: Ed. Cristiandad, 2006).

Muhaiyadeem, M.R. Bacoa, *Islam and the World Peace* (Philadelphia: Fellowship Press, 1987).

Nailpaul, V.S. *Beyond Belief: Islamic Excursions among the Converted Peoples.* (New York: Random House, 1998).

Nasr, Seyyed Hossein, *The Garden of Truth* (New York: Harper One, 2007).

Ojeda, Areana, ed. *Islamic Fundamentalism* (San Diego: Green Haven Press, 2003).

O'Shea, Stephen. *Sea of Earth* (New York: Walker and Company, 2006).

Payne, Robert. *The History of Islam* (New York: Barnes and Noble, 1959).

Peters, F.E., *The Hajj*. (Princeton: Princeton University Press, s.f.).
Podhoretz, Norman. *World War IV*. (New York: Double Day, Random House, 2007).
Popovic, A. y G. Veinstein. *Las sendas de Alá* (Barcelona: Bellatierra, 2000).
Ratzinger, Joseph Cardinal. *Truth and Tolerance. Christian Belief and World Religions* (San Francisco: Ignatius Press, 2004).
Sadr, Bani. *Le Coran et le Pouvoir* (Saint-Amand: Image, 1993).
Sánchez Nogales, J.D. *Cristianismo e Islam* (Madrid: CCS, 1998).
Schwartz, Stephen. *The Two Faces of Islam* (New York: Double Day, 2002).
Shahid, Irfan. «A Contribution to Koranic Experience». *Arabic and Islamic Studies* (Leiden, 1965).
Shoebat, Wahid. *Why I left Yihad* (New York: Top Executive Media, 2005).
Spencer, Robert. *Islam Unveiled* (San Francisco: Encounter Books, 2000).
de la Torre, Ignacio. *Islamismo: el radicalismo desvelado*. (Madrid: Editorial Dilema, 2005).
Trifkovic, Serge. *Defeating Jihad* (Boston: Regina Orthodox Press, 2006).
_____ *The Sword of the Prophet* (Boston: Regina Orthodox Press, 2002).
Waines, D. *El Islam* (Cambridge: University Press, 1998).
Warrack, Ibn, *The Quest for the Historical Mohammed* (Amherst, N.J.: *Prometeus*, 2000).
Weibel, Nadine B. *Par dela le voile. Femmes de'Islam en Europe* (Bruxelles: Comprexe, 2000).
Wensink, A. J. *Handbook of Early Muhammadan Traditions* (Leiden: n/d, 1927).
Yergin, Daniel, *The Prize* (New York: Simon and Schuster, 1992).
Wright, Robin, *Sacred Rage* (New York: Simon and Schuster, 1985).

www.ingramcontent.com/pod-product-compliance
Lightning Source LLC
LaVergne TN
LVHW012057070526
838200LV00070BA/2531